0924

Direitos Reais Limitados

N244d   Nascimento, Tupinambá Miguel Castro do
         Direitos Reais Limitados / Tupinambá Miguel Castro
do Nascimento. — Porto Alegre, Livraria do Advogado
Editora, 2004.
         161 p.; 16 x 23 cm.

         ISBN 85-7348-294-X

         1. Direitos Reais. I. Título.
                                          CDU 347.2

         Índice para o catálogo sistemático:
         Direitos Reais

(Bibliotecária responsável: Marta Roberto, CRB-10/652)

Tupinambá Miguel Castro do Nascimento

DIREITOS REAIS LIMITADOS

livraria
DO ADVOGADO
editora

Porto Alegre 2004

© Tupinambá Miguel Castro do Nascimento, 2004

Capa, projeto gráfico e diagramação de
Livraria do Advogado Editora

Revisão de
Rosane Marques Borba

Direitos desta edição reservados por
Livraria do Advogado Editora Ltda.
Rua Riachuelo, 1338
90010-273 Porto Alegre RS
Fone/fax: 0800-51-7522
livraria@doadvogado.com.br
www.doadvogado.com.br

Impresso no Brasil / Printed in Brazil

Sumário

1. Introdução 7
   1.1. Noções gerais 7
   1.2. Pequena observação histórica 9
   1.3. Tradição 12
   1.4. Registro imobiliário 13
   1.5. Características do direito real 14
   1.6. Direitos reais limitados 15
2. Superfície 17
   2.1. Noções gerais 17
   2.2. Constituição 19
   2.3. Transmissão dos direitos reais 23
   2.4. Extinção do direito superficiário 26
   2.5. Natureza jurídica 29
3. Servidões 33
   3.1. Observações gerais 33
   3.2. Constituição 34
   3.3. Princípios cogentes 37
   3.4. Usuários da servidão 40
   3.5. Exercício da servidão 42
   3.6. Extinção da servidão 44
4. Usufruto 49
   4.1. Entendimento inicial 49
   4.2. Usufruição 52
   4.3. Constituição 55
   4.4. Características 58
   4.5. Deveres do usufrutuário 60
   4.6. Extinção do usufruto 61
   4.7. Usufrutos especiais 63
5. Uso 65
   5.1. Observações gerais 65
   5.2. Compreensão de família 66
   5.3. Necessidades do usuário 69
   5.4. Características 70
   5.5. Constituição e pessoa jurídica 71
   5.6. Indivisibilidade do uso 73

    5.7. Princípio da extensibilidade 74
    5.8. O *salva rerum substantia* 74
    5.9. Extinção do direito real 76
6. Direito real de habitação 79
    6.1. Compreensão inicial 79
    6.2. Constituição 82
    6.3. União estável e habitação 84
    6.4. Características 87
    6.5. Extinção do direito real 89
7. Direito real à aquisição do imóvel 91
    7.1. Aspecto histórico 91
    7.2. Constituição 93
    7.3. Características 96
    7.4. Direitos do compromissário 97
    7.5. Cancelamento do registro 100
    7.6. Falência e insolvência 104
8. Penhor 107
    8.1. Introdução 107
    8.2. Penhor comum 110
    8.3. Penhor rural 116
    8.4. Penhor industrial ou mercantil 119
    8.5. Penhor de direitos e títulos de crédito 121
    8.6. Penhor de veículos 123
    8.7. Penhor legal 125
9. Hipoteca 127
    9.1. Estruturação 127
    9.2. Características 129
    9.3. Direitos básicos instrumentais 131
    9.4. Hipoteca legal 133
    9.5. Extinção da hipoteca 136
    9.6. Hipoteca das vias férreas 139
10. Anticrese 143
    10.1. Noções gerais 143
    10.2. Elementos integrativos da anticrese 145
    10.3. Constituição 147
    10.4. Fruição do imóvel 149
    10.5. Características da anticrese 151
    10.6. Vencimento antecipado 153
    10.7. Extinção da anticrese 155
Bibliografia 161

1. Introdução

1.1. Noções gerais

A primeira indagação exigente de uma inicial resposta em um livro que pretende abordar os denominados *direitos reais limitados*, circunscrevendo-os em um campo limitado da área jurídica, é saber o que são *direitos reais*, diferenciando-os dos direitos pessoais. Estudos que pretendam acentuar, enfaticamente, as diferenças são poucos. Costuma-se, porém, confrontando-se o Direito das Obrigações e o Direito das Coisas, dizer que, naquele, campo dos direitos pessoais, vige o princípio do *numerus apertus*, enquanto neste, campo dos direitos reais, o princípio vigente é o do *numerus clausus*. Em outras palavras, o *numerus apertus* significa que as partes podem criar elas próprias, livremente, as relações jurídicas pessoais, enquanto, no *numerus clausus*, só a lei é que pode criar o direito real, modelando-o.

Esta diferenciação tem sido utilizada nos bancos acadêmicos e nos livros técnicos de direito. Longe de se querer dar a entender que a diferenciação não é exata. Os dois adágios retratam, efetivamente, a dessemelhança entre direitos real e pessoal. Sem dúvida, duas pessoas podem criar e regulamentar um tipo de relação jurídica e, estando concordes, fazer dela uma relação jurídica intersubjetiva. Mas não terá a natureza de direito real, porque nenhuma lei federal a categoriza com a eficácia de direito real. Ao contrário, a propriedade, o usufruto, etc. são direitos reais porque são elencados em lei como direitos reais. Entretanto, isto não serve como elemento distintivo da natureza de cada um deles. Há que se encontrar outro sinal.

Todos os direitos, reais ou não, são titularizados por pessoas físicas ou jurídicas, não se podendo localizar nesta titularidade a característica de se definir o que é direito real. *Alguns* direitos, outrossim, recaem sobre coisas, tecnicamente móveis ou imóveis, e nem por isso serão necessariamente reais. O direito de locação se reflete sobre o imóvel, ou o móvel, locados, e sem a menor dúvida não se categoriza como direito real. *Outros* direitos têm eficácia jurídica extensa, repercutindo sobre toda coletividade, o *erga omnes*, mas direitos reais não são. É o caso da posse, se efetivamente direito, e não fato.

Buscar compreender o significado e o conteúdo de *direito real* tentando extrair da palavra *real* um específico sentido não conduz a nenhuma certeza científica. A expressão *direitos reaes* existia nas Ordenações Filipinas (Livro II, Título XXVI). O sentido que lhe dava, por exemplo, Coelho Sampaio (*Ordenações Filipinas*, Fundação Calouste Gulbenkian, Livros II e III, Nota de Rodapé 1) era o seguinte: "Por *Direitos Reaes* entendemos todos os direitos, faculdades e possessões, que pertencem ao Summo Imperante, e como tal, e como representante da sociedade". *Real* tinha o sentido dicionarizado: o relativo ao rei ou realeza. Direito real, no ordenamento jurídico brasileiro, nunca se definiu pela titularidade.

Os atuais direitos reais de nosso ordenamento jurídico eram designados de *ônus reais* (art. 6º da Lei nº 1.237, de 24 de setembro de 1864) e se caracterizavam porque eram deambulatórios, passando "com o imóvel para o domínio do comprador ou sucessor" (§ 3º). Em sua compreensão, é possível se pensar que o vínculo que os unia à coisa imóvel é que os definia como reais. No entanto, hoje ônus reais não equivalem a direitos reais. O fato de *real* ter como raiz o romano *res* (coisa) é insuficiente à compreensão de direito real. Diversos direitos pessoais têm como objeto coisas, como ocorre com o comodato. O fundamento de o direito ser real deve se buscar em outro dado essencial.

O que se pode dizer é que o direito real é direito titularizado por pessoa física ou jurídica, reflete-se sobre bem móvel ou imóvel, tendo o poder de o acompanhar onde o bem estiver ou se encontrar, possuindo eficácia ampla contra todos da coletividade. Mas o que, além destas características, o categoriza como direito real é a tipicidade legal. Nenhum direito real existirá sem que lei o classifique expressamente como direito real. A *realidade* de um direito não é, outrossim, tipificada por lei estadual ou municipal nem por criação simplesmente humana.

O caráter de tipicidade dos direitos reais não é criação nem do atual Código Civil nem do Código Civil de 1916. Eles simplesmente mantiveram o que já existia. A Lei nº 1.237/1864 dizia, em seu artigo 6º, que "*somente se considerão reaes*" (*o grifo é nosso*) aqueles ônus expressamente citados pelo artigo. Além disso, em norma suplementar explícita, regrava o § 1º do mesmo artigo que "os outros ônus que os proprietários imposerem a seus predios se haverão como *pessoaes*..." *(o grifo é nosso)* Como se vê, o princípio da tipicidade legal dos direitos reais é regra que se faz presente na matéria por quase século e meio. Lembra muito o *numerus clausus* e o *numerus apertus* de que se falou acima.

A categorização do direito real obedece ao princípio da reserva legal e, tratando-se como se trata de matéria de direito civil, cria-se por lei de competência privativa da União (art. 22, I, da CF). No Código Civil de Bevilacqua, a categorização estava no artigo 674 e em outras leis extravagantes. No novo Código Civil, a tipificação está no artigo 1.225. Por isso, diz-se que o artigo 1.225 em estudo tem a natureza de *numerus clausus*. Caracteriza-se como indicação taxativa, exaustiva e não-exemplificativa. Mas o elenco não está petrificado. Pode ser normativamente alterado.

Entenda-se. Qualquer lei da União, que obedeça ao processo legislativo constitucional, pode alterar o artigo 1.225, revogando direitos reais ou instituindo novos. Mais do que isto, mesmo que deixe o artigo 1.225 inalterado, nova lei pode criar novas espécies de direito real. O relevante e indiscutível, face ao princípio da reserva legal federal, é que haja uma lei federal criando novos tipos de direito real. O que não pode é, utilizando-se de interpretação ou de analogia, a doutrina ou a jurisprudência localizar direito real onde o legislador não o colocou. A criação exclusiva é por comando legislativo.

1.2. Pequena observação histórica

O artigo 674 do Código Civil de 1916 elencava como direitos reais, além de outros, a *enfiteuse* e as *rendas expressamente constituídas sobre imóveis* (incs. I e VI). No rol do artigo 1.225 do novo Código Civil, houve a exclusão de tais direitos reais, permitindo-se o exame se os dois direitos foram excluídos do ordenamento jurídico brasileiro. Não temos dúvida de afirmar positivamente no concernente às rendas expressamente constituídas sobre imóveis. O desuso deste direito real foi o responsável por sua exclusão. Excluída sua criação da disciplina legal, tal direito não mais existe no ordenamento jurídico brasileiro.

Diferentemente, ocorre com a enfiteuse. O direito real enfitêutico sobre terrenos de marinha e acrescidos não está nem esteve disciplinado pelo Código Civil; "regula-se por lei especial" (art. 2.038 do novo Código Civil) e, por isso, mantém-se no ordenamento jurídico brasileiro. Há, inclusive, dispositivo constitucional a respeito: "A enfiteuse continuará sendo aplicada nos terrenos de marinha e seus acrescidos, situados na faixa de segurança, a partir da orla marítima" (art. 49, § 3°, do ADCT, da CF de 1988). O texto constitucional garante a mantença das enfiteuses sobre terrenos de marinha e acrescidos.

Os terrenos de marinha e acrescidos são bens da União (art. 20, VII, da CF) e definidos pelo Decreto-Lei n° 9.760, de 5 de setembro de 1946. São os que estão numa profundidade de trinta e três metros, medindo-se-os horizontalmente, em direção à terra, considerando a linha do preamar médio de 1831. As enfiteuses que tenham por objeto os terrenos de marinha e seus acrescidos não se regulam pelo Código Civil e, sim, por lei especial, e se mantêm no ordenamento jurídico brasileiro. É a determinação do texto constitucional e do dispositivo do novo Código Civil.

A enfiteuse de que tratava o Código Civil de Bevilacqua era a que tinha por objeto áreas de terras particulares não cultivadas ou que se destinassem à edificação. Referentemente a estas espécies de enfiteuse ou de subenfiteuse, o novo Código Civil não as previu e proibiu sua constituição (art. 2.038). A partir da entrada em vigor do Código Civil de 2002, nenhuma enfiteuse ou subenfiteuse pode ser constituída por ato *inter vivos, causa mortis* ou por usucapião. E as que já existiam serão automaticamente extintas ou o que acontecerá?

Elas se mantêm em vigor até sua extinção. Para isto, os artigos do Código Civil de 1916, que disciplinam a enfiteuse, e outras leis posteriores incidentes, terão a eficácia prorrogada para a disciplinação jurídica das enfiteuses até a extinção. Durante esta transeficácia normativa, haverá as seguintes alterações: a) está vedada a constituição de qualquer subenfiteuse; b) não é possível a cobrança de laudêmio, ou de qualquer prestação análoga, nas transmissões do bem aforado, sobre o valor das construções ou plantações. O obstar a cobrança de laudêmio é forma de incentivar a resgatabilidade da enfiteuse referida no artigo 693 do Código Civil de 1916.

Confrontando-se o artigo 674 do Código Civil de Bevilacqua com o artigo 1.225 do Código Civil de 2002, neste último dispositivo são incluídos dois direitos não constantes do primeiro: superfície e direito do promitente comprador do imóvel. Não cabe aqui examinar com profundidade cada um destes direitos reais. Isto será feito mais adiante, em Capítulos específicos. Algumas observações, porém, devem ser feitas para melhor se compreender a inclusão de tais direitos.

A *superfície* existiu no Brasil, como direito real, antes do Código Civil de Bevilacqua. Foi esta Consolidação que se omitiu de disciplina-la. Pontes de Miranda (*Fontes e Evolução do Direito Civil Brasileiro*, 2ª edição, 1981, p. 198) diz: "Não se regulou o direito de *superfície*, nem sequer a forma reduzida que apresenta no BGB, § 1.012". Depois de excluída do ordenamento jurídico brasileiro por mais de oitenta anos, a superfície retorna como instituto importante no campo dos direitos reais.

Na verdade, o reingresso do direito superficiário no ordenamento brasileiro se deu em outubro de 2001, por força da Lei nº 10.257/01, o denominado *Estatuto da Cidade*. Neste *Estatuto*, a *superfície* está prevista nos artigos 21 a 24, com entrada em vigor 90 dias após a publicação da Lei, ou seja, a 7 de outubro de 2001. Aqui uma percuciente indagação. Na entrada em vigor do Código Civil de 2002 (em 11 de janeiro de 2003), teremos no Brasil dois diplomas tratando da mesma matéria? O que acontecerá com as duas normatividades?

O direito de superfície do *Estatuto da Cidade* tem como objeto *terreno urbano* e concede o uso do solo, do subsolo e espaço aéreo de tal terreno na conformidade do contrato (art. 21), atendendo-se à legislação urbanística, porque integrado como instrumento de política urbana. O direito concedido ao superficiário não é para plantio; sim para *construção*. O direito de superfície do Código Civil é bem mais amplo. Concede a outrem o direito de *construir ou de plantar* (art. 1.369). No Código Civil, há a regulação inteira da matéria que, no *Estatuto*, era parcial. Além do mais, a superfície do *Estatuto* era para área urbana; a do Código Civil, para áreas urbana e rural.

A Lei de Introdução ao Código Civil (Decreto-Lei nº 4.657, de 4 de setembro de 1942) prevê formas de revogação tácita de leis, entre elas quando a posterior regule inteiramente a matéria de que tratava a lei anterior (art. 2º, § 1º, *in fine*). É o que ocorre na hipótese em exame, o que permite concluir que, com a entrada em vigor do novo Código Civil, os artigos 21, 23 e 24 do *Estatuto da Cidade* estão revogados. O artigo 22 do *Estatuto* trata do direito de preferência do superficiário e do proprietário em caso de alienação do terreno. Também há, quanto a este dispositivo, causa de revogação.

O *direito do promitente comprador do imóvel* não constava como direito real no artigo 674 do Código de Bevilacqua porque, quando editado este Código em 1916, tal direito real inexistia no ordenamento jurídico brasileiro. Contudo, houve seu reconhecimento a partir dos artigos 5° e 22 do Decreto-Lei n° 58, de 1937, e do artigo 25 da Lei n° 6.766, de 1979, como se tratando de direito real, embora não tenha constado expressamente do artigo 674 do anterior Código Civil. O novo Código Civil não se omitiu de incluí-lo no local correto.

1.3. Tradição

A tradição é elemento essencial na constituição e transmissão dos direitos reais mobiliários realizados por atos *inter vivos*. A tradição é um fenômeno físico-jurídico que necessita, com base em um negócio jurídico, de dois agentes – um que transmite a coisa e, por isso, é o transmitente, e outro que a adquire, sendo o adquirente. Não há tradição sem ato negocial, sendo que o vínculo entre os dois é fundamental ao exame que se está fazendo. Os dois coexistem no mesmo direito real.

Na aquisição da propriedade mobiliária, por exemplo, a tradição não realiza a transferência do domínio quando o negócio jurídico for nulo (art. 1.268, § 2°). Em outra visão, o negócio jurídico não transmite a propriedade antes de haver a tradição (art. 1267). É a conjugação de dois fenômenos jurídicos que produz o efeito constitutivo ou transmissivo. Daí, a afirmação de uma regra inicial. Na realização dos direitos reais mobiliários, a tradição é o seu *fator constitutivo*. Por isso, a necessidade de melhor examinar a *traditio*.

Enfrentemos, inicialmente, a *tradição efetiva*. É aquela que significa, fisicamente, a circulação da coisa das mãos do transmitente para as do adquirente. Um relógio objeto da compra e venda é entregue pelo transmitente para o adquirente. Não há nenhum simbolismo ou ficção. Fisicamente, a coisa circulou da esfera jurídica de um para a esfera jurídica de outro. Todos da coletividade tiveram condições de vê-la e, como conseqüência, sua eficácia é *erga omnes*. Por isso, é *efetiva*.

O ordenamento jurídico brasileiro admite, como exceção, a *tradição ficta*, desde que expressamente prevista em lei. É *ficta* porque não há a efetividade da circulação, que se substitui por circunstância legal. O artigo 1.267, parágrafo único, do novo Código Civil, prevê três hipóteses ficcionais de tradição: a) se o transmitente continuar possuindo a coisa pelo constituto possessório; b) quando, na situação do desmembramento possessório, for cedido pelo possuidor indireto ao comprador o direito à restituição da coisa; c) quando o adquirente já possui a coisa, no momento do negócio jurídico.

No Código Civil de Bevilacqua, havia a tradição ficta na constituição do penhor agrícola ou pecuário, "em que os objetos continuam em poder do devedor, por efeito da cláusula *constituti*" (art. 769). No novo Código Civil, o penhor rural (agrícola e pecuário), industrial, mercantil e de veículos se constituem independentemente da tradição (art. 1.431, parágrafo único) e têm como fator de constitutividade o registro referido nos artigos 1.438, 1.448 e 1.462 do novo diploma civil. Só o penhor comum é que depende da tradição efetiva (art. 1.431).

1.4. Registro imobiliário

Direitos reais imobiliários são, no rol do artigo 1.225 do novo Código Civil, a propriedade, a hipoteca, o usufruto e o uso, quando tenham por objeto um imóvel, e a superfície, as servidões, a habitação, o direito do promitente comprador do imóvel e a anticrese que, necessariamente, sempre têm por objeto bem imóvel. A norma civil diz que tais direitos reais imobiliários e outros que possam ser criados por lei – princípio da reserva legal federal –, quando constituídos, ou transmitidos, por atos *inter vivos*, dependem, para aquisição, de serem registrados no Cartório de Registro de Imóveis competente.

O registro imobiliário é o *fator constitutivo* básico e essencial do direito real imobiliário. Ele tem a função de levar ao conhecimento de todos da coletividade, pelo menos na área da ficção jurídica e da potencialidade, a existência do direito real, com a conseqüência de conceder a eficácia *erga omnes*. O artigo 1.227 tem uma observação final, ressalvando *os casos expressos neste Código*. Configurando ato *inter vivos* como negócio jurídico, o novo Código não elenca expressamente qualquer direito real imobiliário que independa de registro. Todos, sem exceção, necessitam do fator constitutivo.

Entretanto, se ato *inter vivos* é todo aquele que não se inclua como *causa mortis*, o constituído ou transmitido pelo fato morte, há alguns exemplos. É de se enfatizar que a norma jurídica não se utiliza da expressão *inter vivos*; sim de *entre vivos*. A aquisição da propriedade por usucapião independe do registro no Cartório de Registro de Imóveis. Basta o implemento das condições de tempo e de espécie de posse para aquisição do direito real de domínio. A própria sentença do juiz é *declaratória*, e não constitutiva do direito real. Seu registro não tem função constitutiva. O usufruto dos pais quanto aos bens dos filhos menores, no exercício do poder familiar (art. 1.689), também se realiza sem necessidade de registro na circunscrição imobiliária.

1.5. Características do direito real

Os direitos reais oferecem características que os definem. A propriedade plena e exclusiva, direito real por excelência, possui estrutura específica, girando em volta dela uma série de faculdades e direitos que se titularizam no proprietário, localizando-se em sua esfera jurídica. O *dominus* tem o poder jurídico sobre a substância da coisa, que é o solo, o subsolo e o espaço aéreo, incluída necessariamente a propriedade superficiária. Faz jus às utilidades de seu prédio, sem ter que tolerar a intromissão alheia. A usufruição lhe é reconhecida. Titular da substância da coisa, além da exclusividade do uso, tem o poder de dispor da coisa, transformando quando queira o domínio do bem, ou alienando-o, livremente, a quem quiser e no momento que aprouver. Estes, em conjunto, são os direitos de um proprietário.

Os direitos reais, referidos nos incisos II a X do artigo 1.225 do Código Civil, são concedidos a terceiros e sobre a propriedade, significando faculdade que beneficia o *tertius* e se vincula ao bem objeto do domínio. Basta conferir. Quando a propriedade superficiária se afasta do proprietário, beneficiando outrem, começa a se desenhar a *superfície*. Em outra situação, se o proprietário do prédio se serve da utilidade de outro prédio do domínio alheio, que tolera a intromissão, pode estar se estruturando a *servidão*. Havendo transferência da usufruição, com maior ou menor dimensão, pensa-se em *usufruto*, *uso ou habitação*. Se o dono assume compromisso relativamente a outrem de transferir no futuro um imóvel ou garantir uma dívida com o valor do bem extraído, pode haver o projeto de *penhor*, *anticrese*, *hipoteca* ou *direito do promitente comprador*.

Todos estes fatos acima relatados podem ser objeto de convenção entre o proprietário e o terceiro e estão, conforme já ressaltado, tipificados na lei como direitos reais. No entanto, é uma potencialidade porque a *realidade* do direito tem de observar alguns característicos. Todo direito real deve estar informado do *direito de inerência* ou *direito de seqüela*. Não basta o compromisso assumido *pessoalmente* pelo proprietário. Deve-se acrescentar ao compromisso firmado a inerência ou a seqüela, no sentido de que o vínculo atuante na coisa acompanha-a onde ela estiver e com quem estiver. Em outras palavras, o direito real deve obrigar a todos da coletividade, do proprietário que assumiu ao *erga omnes*.

Não há, portanto, direito real sem direito de seqüela e este último sempre dependerá que a coletividade de pessoas possa ter conhecimento do compromisso assumido pelo proprietário. Daí, para a superfície, a servidão, a habitação, a promessa de compra de imóvel, a hipoteca e a anticrese, direitos reais exclusivamente imobiliários, e o usufruto e o uso quando imobiliário, serve o Registro de Imóveis como fator constitutivo. A Lei de Registros Públicos se refere a tal fator no artigo 167, I, nas diversas hipóteses, inclusive relativamente a alguns penhores. Tratando-se de direitos reais mobiliários, a serventia para a seqüela está na tradição. Com o registro imobiliário ou a tradição, nasce o *erga omnes*.

Esta eficácia ampla, direcionada a toda coletividade, e o fato de o direito constituído se impregnar na coisa com certa perenidade, é que caracteriza, fortemente, o que se tem por direito real. É o legislador que, modelando-o na lei, o tipifica. Mas certamente, na fase *pré-legislativa*, o editor da lei reconhece aqueles direitos que merecem o caráter de real e o respeito de todos da coletividade. Nenhuma lei dirá que o simples crédito será direito real, porque sempre lhe faltariam o direito de seqüela e o *erga omnes*. É um direito importante e que vige com grande amplitude no mercado econômico e de consumo, mas que não tem a característica da *realidade* e, muito menos, da tipicidade.

1.6. Direitos reais limitados

Por que os direitos reais do artigo 1.225 *menos* a propriedade se denominam, para alguns doutrinadores, como *limitados*? Nenhum deles, confrontando-se-os com a propriedade, possui a gama de faculdades e direitos que o titular da propriedade tem. Uns servem-se do uso, outros da fruição, na superfície o que o titular tem é a propriedade superficiária, na servidão o titular do prédio dominante só tem o exercício de alguma utilidade do prédio serviente, etc. O que os direitos reais limitados oferecem a seus titulares, concernentemente ao que oferece a propriedade, é reduzido, ou limitado. Esta é uma razão lógica para a denominação de *direitos reais limitados*.

Mas há outra. A propriedade é direito real por excelência. Numa visão simplesmente temporal, a propriedade caracteriza-se como perpétua, não tendo limitação de eficácia no tempo. Nem a morte do titular a desfaz. Pelo direito da saisina, os herdeiros a assumem no preciso momento da abertura da vocação hereditária, *desde logo*. É o que se lê no artigo 1.784. O artigo 1.207, tratando da posse, diz que "o sucessor universal continua de direito a posse de seu antecessor..." Ele não a adquire *a partir de* mas *continua*. A propriedade é, por isso, *perpétua* e *ilimitada* no tempo. O fato de haver propriedade *ad tempus* e propriedade resolúvel, que não são perpétuas, só comprovam não haver regra sem exceção.

Os demais direitos reais não se caracterizam pela perpetuidade. Todos eles vigem temporariamente. Esta não-perpetuidade, em alguns casos, está inserida na própria natureza estrutural do direito real. No usufruto, uso e habitação, o direito real é vitalício ou, se titularizado em pessoa jurídica, extingue-se pelo decurso de trinta anos. Na superfície e nos penhores, há o prazo contratual ou da lei. No direito do promitente comprador de imóvel, a temporariedade é da natureza do instituto. A hipoteca tem prazo legal de eficácia, quanto à especialização. A anticrese considera o prazo contratual. Assim, a limitação temporal da eficácia dos direitos reais, afora a propriedade, é que os define como *direitos reais limitados*.

2. Superfície

2.1. Noções gerais

No momento em que, por ato negocial entre particulares, o proprietário de um imóvel conceder a outrem, que passa a se denominar superficiário, a utilização do solo, ou seja, da superfície, conservando consigo a propriedade como sujeição fático-jurídica, desvestida de toda a utilização da coisa imóvel, está se buscando constituir o que se denomina de *superfície*, que passa a ter, no mundo jurídico, eficácia de direito real sobre coisa alheia. Sobre o mesmo objeto, duas titularidades.

Na falta de uma palavra mais adequada para traduzir a situação resultante da criação do direito superficiário, há o aparecimento, como já visto, de duas titularidades específicas. A daquele que é o nu-proprietário, o que lhe restou desnudado de qualquer utilidade, e a do direito à utilização do solo, de que é titular o superficiário. São duas titularidades perfeitamente delineadas e pertencentes a pessoas diferentes. Durante o tempo de manutenção do direito de superfície, pois este é temporário e resolúvel, o nu-proprietário não tem os poderes de usar, construir e plantar, visto que estes se transferiram ao superficiário.

O direito real de superfície pode ser tido, no ordenamento jurídico brasileiro, como uma exceção à denominada acessão artificial. Por esta, nas hipóteses em que o plantio ou a construção são realizados por plantador ou construtor que não seja o titular dominial do terreno, ou em outras situações semelhantes, inadmite-se que a titularidade da plantação ou construção seja de um e a propriedade da área de terras seja de outro. A solução não é buscada no condomínio tradicional. O normal é fazer com que o domínio do terreno, da construção e da plantação seja somente de um, indenizando-se ou não, conforme o caso, o outro.

O que se quer enfatizar é que, em matéria de construções e plantações, ainda sem se pensar em direito superficiário, é inaceitável juridicamente que alguém possa ser proprietário de um terreno e outrem o proprietário da edificação construída. Esta estruturação jurídica era, na vigência do Código Civil de 1916, impossível. As regras de acessão artificial impediam-na. O direito de superfície, concedendo-se a outrem, que não o proprietário do terreno, o direito de plantar e de construir, abriu a exceção, via de conseqüência, à acessão artificial. Esta compreensão passa a gerar efeitos jurídicos dominiais.

Com este entendimento, o direito de superfície não se limita exclusivamente no proprietário conceder o direito de construir e plantar em terreno urbano ou rural, transmitindo-se-lhe a administração e posse do imóvel objeto da superfície. *Construir* e *plantar* para os resultados da construção e da plantação se incluírem, desde logo, no domínio do proprietário do terreno, independeria de se criar um específico direito real. O conteúdo do direito superficiário é mais amplo. O que se planta e o que se constrói passam a compor direitos dominiais do superficiário e, em conjunto, representam a *propriedade superficiária*.

A matéria respeitante à propriedade superficiária, expressão que foi utilizada pelo Estatuto da Cidade (art. 21, § 2º), será adiante melhor desenvolvida, ao estudarmos a extinção do direito de superfície. Resta, no presente momento, esclarecer que o que corresponde à construção, ou plantação, e correspondentes benfeitorias só ingressam na propriedade plena no instante em que se extingue o direito real. O artigo 1.375 do novo Código Civil regra que o conteúdo dominial pertencente ao superficiário só ingressa no domínio do nu-proprietário quando da extinção da superfície.

Trata-se, à evidência, de uma propriedade resolúvel. A norma específica do novo Código Civil regra que a superfície é *por tempo determinado*, o que equivale a termo final nascido da vontade das partes. Como é sabido, ao termo final se aplica o que couber relativamente à condição resolutiva (art. 135). Por isso, sobrevindo o termo final, "extingue-se, para todos os efeitos, o direito a que ele se opõe" (art. 128). O advento do termo final, por via de conseqüência, extingue o direito superficiário, mesmo que, com a morte do superficiário, já titulem seus herdeiros, que o receberam para o restante do prazo.

Enfatiza-se no direito de superfície, dois são os lados contratantes: o do superficiário e o do nu-proprietário. Este último é o proprietário que, com a concessão da superfície a outrem, não deixa de manter o vínculo *domini* com o imóvel mas, durante a etapa da concessão, fica sem se utilizar do poder de usar o terreno, urbano ou rural. Como conseqüência, perde a administração e a posse do bem, temporariamente. O superficiário, em compensação, adquire com a eficácia de direito real faculdade que lhe permite construir ou plantar em seu nome e para si próprio. A administração, a posse e o conteúdo dominial lhe são transferidos.

A expressão *nu-proprietário* não consta da lei civil, para designar uma das partes integrantes do contrato de superfície. É nominação específica para o direito real de usufruto. Na superfície, a lei fala em proprietário, que é o concedente do direito de superfície, e em superficiário, que é o concessionário. O certo, porém, é que o proprietário, ao conceder o imóvel para o superficiário construir ou plantar e fazer benfeitorias, está se desnudando de utilidades inerentes ao domínio. A posse e a administração irão necessariamente para o superficiário, que delas necessita para construir ou plantar e fazer benfeitorias. O proprietário, dono do imóvel concedido, *desveste-se* dos poderes de usar o imóvel ou fruí-lo. A melhor expressão para definir este estado ainda é *nu-proprietário*. Daí o seu uso.

2.2. Constituição

Fundamental em qualquer negócio jurídico a manifestação da vontade dos participantes. Em tese, a declaração de vontade para ser válida não depende de forma especial, salvo quando a lei, modo expresso, exigi-la (art. 107). Em outras palavras, a manifestação de vontade pode ser oral (através da palavra pronunciada), gestual (através de gestos), por escrito ou instrumento particular ou por instrumento público. Há, ainda, a manifestação tácita, que se conclui pelas condutas da pessoa, e até o silêncio pode significar vontade manifestada. Regra o artigo 111 que "o silêncio importa anuência, quando as circunstâncias ou os usos o autorizarem e não for necessária de declaração de vontade expressa".

Todos os regramentos acima, que são de fácil compreensão e entendimento, se revestem de importância para solução jurídica. Entenda-se. Um documento particular assinado por uma pessoa digna, em que há a venda de um imóvel de alto valor, reduz a declaração a nenhum efeito. Ao contrário, se se trata de escritura pública assinada por um homem desonesto, tem validade e eficácia jurídicas. No último caso, está presente a forma especial exigida por lei enquanto, no primeiro caso, a inexistência de forma especial exclui da declaração o valor jurídico, a sua eficácia no campo do direito.

Regra o novo Código Civil que, nada dispondo em contrário, a constituição dos direitos reais sobre imóveis acima de determinado valor, isto é, de valor superior a trinta vezes o maior salário mínimo vigente no País, impõe a essencialidade da escritura pública (art. 108). Mais adiante, tratando da nulidade dos negócios jurídicos, afirma-o nulo se não revestir a forma prevista em lei (166, IV), nulidade insuscetível de confirmação nem convalescente pelo decurso do tempo (art. 169). Transportando estes dispositivos legais para a hipótese do direito de superfície, o que poderemos ver?

O direito superficiário é direito real sobre imóvel (art. 1.225, II), ao qual não se aplica, porém, o artigo 108 e, como conseqüência, configurando-se a ressalva de valor, não há dispensa da escritura pública. A norma incidente é a do artigo 1.369, em que há preceituação peremptória de que o direito de superfície será constituído *mediante escritura pública*. O valor desimporta. O artigo 166, IV, todavia é aplicável ao afirmar a nulidade do negócio jurídico constitutivo do direito de superfície que não for realizado através de escritura pública, que é aquela lavrada em notas de tabelião, sendo documento dotado de fé pública.

A superfície é direito real de gozo. Também o são, no ordenamento jurídico brasileiro, a propriedade, a servidão, o usufruto, o uso e a habitação (art. 1.225). Afora a superfície, todos os demais são usucapíveis, com apoio em expressa previsão legal. Assim, a propriedade (art. 1.238), a servidão (art. 1.379), o usufruto (art. 1.391), o uso (art. 1.413) e a habitação (art. 1.416). Considerando a idêntica natureza de gozo, não há previsão legal de usucapião no direito de superfície. Por quê? Teria havido omissão do legislador, a superfície seria inusucapível ou qual a razão do silêncio da lei? Este é o tema que passamos a enfrentar a partir de agora, em busca de uma resposta.

Fundamental é a solução da matéria. Se olharmos o problema por um lado específico, a posse do superficiário é um dos elementos estruturadores da superfície. Tal se considerando, a posse de alguém qualificada como de superficiário, prolongando-se no tempo, poderia servir, em tese, à aquisição do direito real de superfície. Olhando-se, porém, de outro lado, a redação do artigo 1.369 do novo Código Civil, ao definir a superfície, vincula-a a uma forma especial específica de constituição: mediante escritura pública. Peremptoriamente, parece só admitir uma forma de constituição. Pelo menos, esta interpretação pode ser dada ao artigo.

Temos a nítida impressão que acerca da usucapibilidade, ou não, do direito de superfície, haverá acentuada divergência doutrinária, que se refletirá na jurisprudência. Uns, somando argumentos, sustentarão a possibilidade de sua constituição pela usucapião. Outros, com apoio em diferentes argumentos, afirmarão a inusucapibilidade. Acerca do tema, muito pensamos, sopesamos argumentos e chegamos a uma forte conclusão. A superfície, embora a presença da posse, não se presta à prova de sua necessária posse e tempo para efeito *ad usucapionem*.

Não obstante a doutrina não chame atenção para um aspecto importante da questão da prescrição aquisitiva, a posse *animus domini*, a que se realiza como senhor da coisa e sem reconhecimento do domínio alheio, só é exigível para a usucapião do domínio. Nos demais direitos usucapíveis, a posse se limita ao conteúdo do direito real usucapido. Para o usufruto, a posse exigida é a de usufrutuário, em que há reconhecimento do domínio alheio. O mesmo quanto à posse do usuário, do habitador ou do titular da servidão. Ninguém adquire domínio com posse de usufrutuário como ninguém adquire usufruto com posse *animus domini*.

Assim, para se pensar na usucapião da superfície, deve haver uma posse de superficiário, nela se englobando todos os elementos caracterizantes da superfície. Deste modo, deve-se estruturar uma posse que se apresente como atos de construção ou plantio, de feitura de benfeitorias, de reconhecimento do domínio alheio e de obrigação de devolução do terreno ao proprietário após passagem de um número certo de anos, porque é elemento essencial da superfície ser por prazo determinado (art. 1.369). Aqui, a primeira dúvida. Como se preencher na posse, para efeito *ad usucapionem*, a determinação do prazo?

A posse realizada acima sem o conteúdo de prazo determinado seria posse de proprietário, se não houvesse reconhecimento do domínio alheio, ou de usufrutuário, se houvesse dito reconhecimento. Careceria a posse de dado essencial do direito usucapido ser temporário e por qual o tempo certo. O argumento de que, no usufruto, também não haveria prova da temporariedade, seria equivocado. Todo usufruto é *vitalício*, porque a morte do usufrutuário extingue o usufruto (art. 1.410, I). Na superfície, ao contrário, a morte do superficiário gera abertura da sucessão *causa mortis* a favor de seus herdeiros (art. 1.372).

Há outro aspecto. A usucapião, cujo título se busca na área judicial, é declarada por sentença. Nesta, todos os elementos constitutivos do direito real usucapido devem estar presentes e, na hipótese de superfície, o prazo determinado. Como o juiz definirá este prazo? Como se vê, todo exame que se faça da matéria fica obstado no momento da definição temporal da vigência do direito superficiário que, volta-se a repetir, tem natureza essencial. Permitir que se entregue ao usucapiente o direito de dizer o prazo não consoa com o direito.

Esta dificuldade, que consideramos insuperável, de suficientemente preencher a essencialidade de um requisito do direito superficiário, é que afasta, em nosso entender, se pensar na constituição da superfície através da posse prolongada. Esta observação abre espaço, porém, para outra indagação. Na usucapião ordinária do artigo 1.242 do Código Civil, entre os elementos exigidos há o justo título, que é a escritura pública de concessão *a non domino*. Nesta escritura está previsto o tempo determinado da superfície. O obstáculo que destacamos fica superado pelo que consta do justo título, e a posse existente é de superficiário.

Doutrina com apoio na atual existência da superfície tem chegado, mais ou menos, a esta conclusão. Inadmite-se, até por impossibilidade fática, a usucapião extraordinária, com tendência a aceitá-la se ordinária (Marise Pessôa Cavalcanti. *Superfície Compulsória*. Renovar, 2000, p. 16/17 e Diana Coelho Barbosa. *Direito de Superfície*, Juruá, p. 106/107, 2002). José Guilherme Braga Teixeira (*O Direito Real de Superfície*. RT, 1993, p. 80) traz forte argumento em relação à usucapião extraordinária. Na regra geral, o princípio do *superficies solo cedit* ainda existe no ordenamento jurídico brasileiro, como acessão artificial. A presunção do artigo 1.253 do Código Civil só cede diante de prova em contrário, que é o contrato referido no artigo 1.359. A exceção fica com a *usucapião tabular*, a ordinária.

Nenhuma norma, outrossim, relativamente ao direito superficiário, admite ou veda a forma testamentária de constituição. A lei civil, inclusive na área do Direito das Sucessões, é omissa. Entendemos incidir aqui a orientação de um princípio constitucional, que se categoriza como garantia individual. Com efeito, diz o artigo 5º, II, da CF, que "ninguém será obrigado a ... deixar de fazer alguma coisa senão em virtude de lei". O silêncio legal tem significação de autorização.

Com base neste argumento, a constituição da superfície por disposição testamentária é permitida.

2.3. Transmissão dos direitos reais

Durante o tempo de manutenção do direito de superfície, a nua-propriedade, quanto à sua titularidade dominial, se mantém intacta ou pode ser comercializada no mundo sociojurídico, transmitindo-se a terceiro? O fato de lhe ser excluído o direito de utilização da coisa não obsta, por si, que a mesma seja comercializada, objeto de ato de transmissão, mudando-se o titular. A indagação quanto à possibilidade de transmissão da nua-propriedade se enche de certeza de que ninguém pode transmitir a terceiro mais do que tem.

Diante desta explicação final, nenhum obstáculo aparece para que haja a transmissão. O direito superficiário se mantém, e a novação subjetiva da propriedade desvestida não leva a um prejuízo maior o direito do titular da superfície. Esta, na hipótese, continua intacta e com o mesmo superficiário. Na verdade, portanto, a comercialização da nua-propriedade, por negócio jurídico, tem por objeto o poder jurídico dominial desvestido de qualquer utilidade até ser o direito real extinto. O único aspecto desfavorável é que o superficiário poderia querer adquirir a nua-propriedade, ficando com a propriedade plena. O legislador teve sensibilidade para o problema. Não impediu a transmissão da nua-propriedade. O *dominus* pode transmitir, mas há uma condição básica. Assegurou-se ao titular da superfície o *direito de preferência*. Oferecendo igualdade de condições da oferta do pretendente à aquisição, há preferência para o superficiário. Este direito está expressamente garantido na lei (art. 1.373). Cabe ao titular da superfície avaliar o que seja de seu maior interesse. Ou continuar o direito superficiário com outro nu-proprietário ou adquirir a nua-propriedade e, assim, ficar titular da propriedade ilimitada, por força do fenômeno da consolidação, por não haver direito real limitado sobre a própria propriedade.

A transmissão da nua-propriedade, seja para o terceiro, seja para o superficiário, por ato *inter vivos*, exige como forma especial a escritura pública, a teor do artigo 108 do Código Civil. Tratando-se, como se trata, de transmissão de direito real, a aquisição depende de haver o registro na circunscrição imobiliária competente (art. 1.227 do Código Civil). Anota-se que a transmissão da nua-propriedade, que é *transferência* de direito real imobiliário, sendo o imóvel inferior à taxa legal, permite o escrito particular. O artigo 1.369 só se aplica para *constituição* – e não para transferência – do direito real.

Aberta a sucessão por falecimento do nu-proprietário, sua herança se transmite, desde logo, a seus herdeiros legítimos ou testamentários. O patrimônio representado pela nua-propriedade é parte da herança. Só a lei, contendo norma em sentido contrário, é que poderia dispor afastando a nua-propriedade da sucessão *causa mortis*. Inexiste lei, outrossim, que dê à morte do nu-proprietário o efeito de extinguir o direito superficiário. Deste modo, a transmissão *causa mortis* é do que a nua-propriedade representa no momento da abertura da sucessão e do que ela representará, no futuro, no momento da extinção da superfície. O direito superficiário se mantém.

A transmissão *causa mortis* da nua-propriedade se dá, por força do princípio da saisina, desde logo, independentemente do formal de partilha e de seu registro na circunscrição imobiliária competente. O artigo 1.227 do Código Civil, citado acima, refere-se à constituição por ato *inter vivos*, através de negócio jurídico. Na hipótese, a transmissão é *causa mortis* e, como já era no Código Civil de 1916, o registro imobiliário do formal de partilha é simples regularidade para cumprir o princípio da continuidade do registro (art. 195 da Lei n° 6.015/73); não tem eficácia constitutiva.

O direito de superfície, outrossim, se inicia com o direito do superficiário de construir, ou plantar, no solo do nu-proprietário, adquirindo o domínio resolúvel do que edificou ou plantou. O exercício de sua atividade se acompanha da posse e da administração que lhe foram transferidas. Há a formação, a um determinado momento, de uma propriedade superficiária, excluído o solo que é do nu-proprietário, cujo conteúdo dominial é do superficiário. Relativamente a este complexo patrimonial, pode o superficiário aliená-lo a terceiro ou transmiti-lo *causa mortis*?

A transferência do direito de superfície para terceiro é livre e depende exclusivamente do talante do superficiário, ressalvado o direito de preferência do nu-proprietário. Não pode constar do ato constitutivo do direito superficiário qualquer cláusula que signifique diminuição deste direito. O parágrafo único do artigo 1.372, inclusive, dispõe que "não poderá ser estipulado pelo concedente a nenhum título, qualquer pagamento pela transferência". Entenda-se: pagamento a favor do concedente. A transferência, porém, pode ser onerosa ou gratuita.

No direito de superfície, morrendo o superficiário, há a abertura de sucessão a seus herdeiros, quanto ao conteúdo da propriedade superficiária. Seus herdeiros, na ordem de vocação hereditária, assumem, desde logo, o direito de superfície (art. 1.372). Como se observa, no direito real de superfície, o conteúdo do direito superficiário é perfeitamente transmissível *causa mortis* e, identicamente, como já visto, é admitida a transmissão *inter vivos*. As regras de eficácia constitutiva são as mesmas da transmissão da nua-propriedade.

O imóvel, que representa a nua-propriedade, e as construções ou plantações e benfeitorias podem ser, isoladamente, dados em hipoteca, para garantir dívidas dos titulares dominiais, vinculando-se realmente às obrigações e a seu compromisso? A questão se demonstra interessante. Não importa, aqui, se discutir a maior ou menor conveniência do ônus hipotecário. O que se pesquisa é a juridicidade de qualquer dos ajustes. O artigo 1.420 do Código Civil regra que pode hipotecar quem pode alienar e "só os bens que se podem alienar poderão ser dados em ... anticrese ou hipoteca".

Orientando-se por esta preceituação e considerando que tanto o imóvel, como nua-propriedade, e as construções ou plantações e benfeitorias, como propriedade superficiária, são suscetíveis de alienação, há a autorização legal de serem hipotecadas, sem necessidade de que a outra parte do direito real de superfície consinta. A única exigência é que, sendo a hipoteca necessariamente imobiliária, seu objeto deve ser imóvel. Quanto a isto, nenhuma dúvida existe, porque a propriedade superficiária tem natureza jurídica de imóvel. As plantações isoladamente também são, a teor do artigo 79 do Código Civil, imóveis.

Apoiando-se na mesma alienabilidade do direito de superfície, há possibilidade de tal direito real ser objeto de anticrese. Nenhum argumento a mais, para justificar a admissibilidade da garantia, precisa ser acrescentado. Contudo, incabível a anticrese da nua-propriedade. É de se ressaltar que, com a constituição do direito superficiário, o nu-proprietário transmite a posse do imóvel ao titular da superfície, restando-lhe, somente, a posse indireta. A realização da anticrese tem como pressuposto a entrega do devedor anticrético para o credor anticrético da posse plena ou direta do imóvel, o que o nu-proprietário não tem.

O que se enfatiza é que, por força da temporariedade do direito de superfície, a propriedade superficiária é resolúvel. Os direitos reais concedidos durante sua pendência ficam vinculados à resolução da superfície conforme dispõe a regra disciplinadora. Com efeito, "resolvida a propriedade pelo implemento da condição ou pelo advento do termo, entendem-se também resolvidos os direitos reais concedidos na sua pendência, e o proprietário, em cujo favor se opera a resolução, pode reivindicar a coisa do poder de quem a possua ou detenha" (art. 1.359 do Código Civil).

2.4. Extinção do direito superficiário

O direito real de superfície jamais será perpétuo; caracteriza-se por ser temporário. Sempre tende a se extinguir passado certo tempo, unindo-se a nua-propriedade e o direito superficiário na pessoa de um só titular. A Lei nº 10.257/01, o Estatuto da Cidade, entregara a superfície sobre terreno urbano, quanto a ser temporário ou não, à opção dos contratantes. Dizia o artigo 21 que o direito superficiário era por prazo determinado ou indeterminado. Este dispositivo foi revogado pelo novo Código Civil. Hoje, o contrato superficiário é, cogentemente, temporário ou não se trata de superfície.

Considerada sua temporariedade, quais as causas que levam à extinção? A lei civil indica algumas (dar o superficiário destinação diversa da constante do contrato e a desapropriação) e, por interpretação sistêmica, refere-se a outras (advento do termo contratual e o distrato). Em todas elas, a extinção vem a significar o momento em que o direito de superfície se une à nua-propriedade e passam juntos a existir na esfera jurídica exclusiva de um só titular. Como causa extintiva genérica, que é conseqüência de outros acontecimentos jurídicos, se localiza a consolidação.

Na verdade, toda causa que é extintiva tem como conseqüência a *consolidação*, que é o resultado de se confundir em um só titular a nua-propriedade, o vínculo dominial desvestido, e o direito à utilização do solo, subsolo e espaço aéreo com o conteúdo dominial do construído ou plantado, benfeitorias, etc. e tem a natureza de extintiva do direito real de que se trata. O direito real sobre coisa alheia nasceu pelo fato da divisão da titularidade. O juntarem-se novamente os direitos num só titular resulta no fenômeno da consolidação, extinguindo o direito de superfície.

Assim, se o superficiário doar ou alienar onerosamente o direito de superfície ao nu-proprietário, ou este transferir a nua-propriedade onerosa ou gratuitamente para o superficiário, ocorre o fenômeno da *consolidação* e, automaticamente, se extingue o direito superficiário. Com a recuperação do domínio pleno pelo nu-proprietário, ou sua aquisição pelo superficiário, a propriedade com todas as utilidades se titulariza em uma só pessoa e não há direito real sobre coisa própria. O mesmo ocorre se a transmissão for *causa mortis*.

A consolidação não ocorre somente nos casos acima. Em qualquer hipótese em que o resultado for a titularidade única dos dois direitos, o da nua-propriedade e o da superfície, mesmo que esta titularidade única fique com quem nem parte do contrato era, haverá a consolidação, que extingue. Se o nu-proprietário e o superficiário, em ato único e conjunto, transmitem os direitos a uma terceira pessoa, também se está diante da figura da consolidação. Identicamente, se o nu-proprietário e o superficiário têm relação de pai e filho, a morte de qualquer deles, deixando o outro como herdeiro único, também gera a consolidação.

O *distrato* também é causa de extinção do direito real de superfície. Distratar é desfazer, invalidar, o que já foi feito. É ato, necessariamente, bilateral. As mesmas partes que estabeleceram o contrato o desfazem, excluindo-o do mundo jurídico. Lembra-se que, no preceito do artigo 472 do Código Civil, "o distrato faz-se pela mesma forma exigida para o contrato". Em outros termos, o negócio jurídico do distrato exige escritura pública e o registro na circunscrição imobiliária competente. Objetivamente, esta causa também provoca a consolidação por tudo voltar ao *stato quo ante*.

Outra causa extintiva é a do *advento do termo contratual*. Como é consabido, o direito real de superfície é convencionado por prazo determinado e com o advento deste o direito real superficiário se extingue. O termo final do contrato equivale à condição resolutiva (art. 135 do Código Civil), de modo que, realizada a condição (o advento do termo final), "extingue-se, para todos os efeitos, o direito a que ela se opõe" (art. 128 do Código Civil). Como conseqüência, o interessado deverá realizar a situação pedindo a averbação da extinção no registo imobiliário.

Existem certas causas – distrato e advento do termo contratual – com aparência de não haver necessidade da causa extintiva se refletir, expressamente, no registro imobiliário. Existente o distrato, desfeito está o contrato. Transcorrido o prazo do contrato, identicamente não há mais direito superficiário. Por que se averbar a extinção, se o contrato de superfície não mais existe? Uma das razões, perfeitamente compreensível, é que os registros públicos devem estar adequados à realidade dos fatos. O que no mundo jurídico não existe deve ser apagado do registro público.

Além do mais, o registro público tem o objetivo de valer contra terceiros, ou melhor, *erga omnes*. A falta da averbação que retrata a extinção do direito real, ao menos para a coletividade, seria sinal de que a superfície continuaria existindo. A finalidade do registro público não estaria sendo cumprida. Aclara-se, assim, o registro imobiliário acerca de circunstância relevante na vida dos direitos constituídos. Feitas estas observações, continuamos no exame das causas extintivas do direito superficiário.

A *desapropriação* do imóvel objeto do direito real superficiário também extingue a superfície. Na realidade, a extinção é dupla: do direito superficiário e da relação dominial da nua-propriedade (art. 1.275, V, do Código Civil). Ambos titulares desaparecem, titularizando-se a propriedade plena na pessoa jurídica de direito público expropriante. Também é uma forma de consolidação. A desapropriação é onerosa, sendo que "a indenização cabe ao proprietário e ao superficiário, no valor correspondente ao direito real de cada um" (art. 1.376 do Código Civil), em cumprimento à garantia constitucional da justa e prévia indenização em dinheiro (art. 5°, XXIV, da CF).

O ter de serem indenizações *justas*, tanto a correspondente ao direito de superfície como a relativa à nua-propriedade, deve levar em consideração um aspecto importante. Com a constituição do direito real superficiário, acrescenta-se à nua-propriedade o direito à restituição futura do complexo representativo da superfície. No se valorizar a nua-propriedade, deve ser acrescida uma verba referente a esta restituição e ao tempo que faltaria para ela se efetivar. Só assim, realmente, o valor da nua-propriedade será justo, diminuindo-se do valor da superfície esta verba.

Enfatiza-se. Uma coisa é valorizar o direito superficiário e a nua-propriedade quando, num contrato de vinte anos, a desapropriação se dá no primeiro ou segundo ano. O valor correspondente ao direito de restituição é menor para a nua-propriedade, porque a devolução do bem só se efetivaria dezenove ou dezoito anos após. Ao contrário, o direito superficiário, que se efetivaria durante os vinte anos, passou a significar quase nada porque a utilidade só foi usada por um ou dois anos. O valor relativo ao direito superficiário, por isso, deve ser, a título de restituição, maior. O cálculo é diferenciado se a desapropriação se der no último ano. O prejuízo do nu-proprietário é bem maior.

Todas as causas estudadas neste item – consolidação, distrato, advento do termo contratual e desapropriação – são causas em que não se detecta qualquer culpa dos contratantes. Neste sentido, sempre estaremos, relativamente a tais causas, diante de uma *causalidade não-culposa*. Isto é importante se realçar porque existem causas em que se observa a atitude culposa de um dos contratantes. Os efeitos da extinção do direito real superficiário, conforme a existência de culpa, ou a sua inexistência, têm amplitude diferenciada, como ressaltaremos em item específico.

O novo Código Civil, no Título correspondente à superfície, indica a única causa resolutória de concessão superficiária que, por sua vez, é extintiva do direito real de superfície. É o *superficiário dar ao terreno destinação diferente daquela constante da concessão* (art. 1.374). Trata-se, à evidência, de uma causa culposa, porque nela se detecta a culpa do titular da superfície. É causa resolutiva do direito superficiário de natureza legal. Tal norma é cogente porque se introduz no contrato mesmo que nele não esteja escrita.

Esta causa exige processo judicial em que a matéria seja discutida e ao superficiário se assegurem o direito à ampla defesa e o contraditório. O nu-proprietário sustenta a resolução contratual por ato imputável ao superficiário e infringente da avença contratual, e o superficiário assume a posição de defesa ou de confissão, conforme entender. A final, sopesados todos os argumentos, o juiz decidirá por livre convencimento, submetida a decisão aos recursos da lei. A decisão de procedência da ação, transitada em julgado, serve de documento para se operar a averbação da extinção da superfície na circunscrição imobiliária competente.

Incide, também, no direito real superficiário, o disposto nos artigos 474 e 475 do novo Código Civil, quanto à cláusula resolutória expressa e à cláusula resolutória tácita. Naquela, se contém explicitamente no contrato preceituação que permite, ocorrendo a hipótese prevista, a resolução contratual. Na tácita, embora o contrato silencie, qualquer inadimplemento de uma das partes contratantes que prejudique a outra, permite que a parte lesada peça, judicialmente, a resolução contratual.

2.5. Natureza jurídica

Localizando-se no direito romano, o entendimento acerca da natureza jurídica do direito de superfície era o de que se tratava de um *direito real sobre coisa alheia*. Posteriormente, face a estudos realizados, passou a se entender que a natureza jurídica da superfície seria de *domínio*. Na atualidade, há grande discussão a respeito, sendo majoritária a posição doutrinária referida à natureza jurídica de domínio. Alguns doutrinadores buscam parecenças entre a superfície e outros direitos reais limitados: *usufruto* e *enfiteuse*. No direito positivo comparado, há a original orientação do Código Civil suíço, em vigor desde 1º de janeiro de 1912, que retrata a natureza jurídica da superfície como sendo uma *servidão*.

Limitado ao conceito da lei, a superfície se realiza quando o proprietário concede a outrem, o superficiário, o direito de construir ou de plantar em seu terreno (art. 1.369), por tempo determinado. Com esta concepção, cria-se a favor de alguém, o titular da superfície, um direito com eficácia de real sobre imóvel do proprietário, onde o superficiário construirá ou plantará, realizando benfeitorias. Nesta visão, o direito real superficiário é exercido com atuação em imóvel alheio. É o que sustentava, com razão, o direito romano. Trata-se de um *jus in re aliena*.

Sob outra visão, há uma conseqüência do exercício da superfície a que se denomina de propriedade superficiária. Tudo o que o superficiário construir ou plantar, e as benfeitorias feitas, compõe um conjunto que ingressa na esfera jurídica do superficiário como objeto de seu domínio resolúvel. O efeito dominial da superfície, com relação ao patrimônio do superficiário, é forte, pois o torna proprietário do que resultou de seu trabalho de construir ou de plantar. Com esta compreensão, o direito de superfície tem a natureza jurídica de *domínio*, embora sabidamente temporário. Em outras palavras, domínio resolúvel.

Não conseguimos divisar, no entanto, comparando as duas orientações, qualquer incompatibilidade entre elas. São facetas de direito real autônomas e independentes entre si. Uma que explica e justifica a utilização do solo alheio, para se efetivar a construção ou plantação, e benfeitorias. E a outra conferindo vínculo dominial ao que resultou da construção ou plantação, titularizando o superficiário. As duas circunstâncias podem e devem ser conhecidas no direito real em estudo. A pretensão em dar maior prioridade, ou destaque, a uma ou outra faceta é que, em nosso entender, se injustifica juridicamente.

Inconfundíveis *superfície* e *usufruto*. Diferenciam-se em dois pontos relevantes, evitando qualquer parecença. A usufruição e o respeito à substância da coisa usufruída, existentes no usufruto, são circunstâncias completamente diferentes do que se concede ao superficiário, em que há o exercício do poder de domínio resolúvel sobre a propriedade superficiária, o poder de dispor e até o de alienar. Quanto à *enfiteuse*, o domínio útil deferido ao enfiteuta é mais amplo, nada tem de resolúvel, mesmo porque a enfiteuse, que está saindo do Código Civil, é necessariamente perpétua.

A parecença com a *servidão* é simplesmente criativa. Na superfície, existem duas propriedades. A propriedade do nu-proprietário, embora não utilizada, que são o solo e o subsolo do imóvel, e a propriedade superficiária, titularizada pelo superficiário, que, embora superpostas entre si, são autônomas. A propriedade superficiária se utilizaria como se fosse um prédio dominante, sendo a propriedade do solo e do subsolo serviente. Tal estaria configurando a superfície como servidão. Há, em nosso entendimento, neste modo de examinar os fatos, muito de criatividade e imaginação, porque, fora esta comparação forçada, nada mais estaria dando parecença aos dois institutos.

3. Servidões

3.1. Observações gerais

No ordenamento jurídico brasileiro, existem duas espécies de *servidões*, com disciplinamento normativo diferenciado e localizadas em áreas de direito diversas. Uma delas que se realiza na área do direito público, mais propriamente no campo da administração pública. São as *servidões administrativas*. E a outra criada e desenvolvida na área do direito privado, entre particulares, e que pode se denominar de *servidões prediais*. Estas últimas são as referidas, como direito real limitado, no artigo 1.225, II, do Código Civil. As servidões administrativas não servem ao Direito das Coisas, mas uma rápida compreensão a respeito delas tem a relevância de impedir qualquer confusão com as servidões prediais. Em que elas, substancialmente, se distinguem, certo de que em ambas há uma relação de submissão relativamente a um determinado bem?

A *servidão administrativa* é imposta pela administração pública em propriedade particular, tendo por fim dar efetividade à realização de serviços e obras públicas, ou de atividade pública. A servidão administrativa serve para beneficiar a coletividade, que se apresenta como necessária em determinada hipótese. Impõe-se servidão administrativa para passagem de cabos de energia elétrica, fios telefônicos e telegráficos, etc. pela propriedade particular, considerado o interesse da coletividade. Tais servidões estão sujeitas a serem indenizadas por todo prejuízo que ocasionar ao proprietário da propriedade particular. O fim que se identifica como elemento da servidão administrativa, que não comparece na servidão de Direito Civil, é que naquela, normalmente, ela se identifica como imposição do Poder Público.

A servidão, como direito real limitado, jamais é imposta. Ela é constituída por convenção bilateral entre os proprietários dos prédios ou por testamento, como ato de última vontade, e, em qualquer caso, registrada no Cartório do Registro de Imóveis. Não tem o objetivo de servir ao interesse público; o que se visualiza é o interesse particular de um dos proprietários. Oferece-se ao prédio, que passa a se denominar de prédio dominante, uma utilidade do prédio serviente, que passa a ser o prédio gravado. Requisito fundamental à constituição desta espécie de servidão é que os dois prédios – dominante e serviente – pertençam a donos diferentes. Esta situação dos donos dos prédios serem diferentes é causa, inclusive, da mantença da própria servidão. No momento em que os prédios pertencerem a um só dono, não há mais servidão.

A expressão contida no artigo 156, I, da CF, isto é, "propriedade predial e territorial", parece oferecer uma distinção entre *prédio* e *território*, que o povo aceita. Prédio seria área de terras com construção, e território (terreno), a área de terras sem construção. Esta interpretação, porém, seria equivocada. A palavra *prédio*, que vem da origem romana, não aceita tal distinção. Prédio significa propriedade imóvel, rural ou urbana, com construção em cima ou sem construção qualquer, haja ou não edificação. Assim, a constituição da servidão pode se realizar entre prédios que signifiquem construção ou edificação ou entre áreas de terra desnudadas de qualquer obra feita.

O Código Civil de 1916 dizia, em seu artigo 696, que "a servidão não se presume", o que ele denominava de servidão predial. O atual Código Civil não repetiu a norma mas, nem por isso, ela se presume. Não se pode admiti-la através de interpretação, analogia, etc. A disciplina normativa constante da atual legislação civil indica as fontes criadoras da servidão, de modo explícito, afastando como causa de sua instituição a presumibilidade. A matéria será examinada no próximo item, caso a caso. Três são as formas de constituírem-se e previstas na lei civil: a declaração expressa dos proprietários, a por testamento e a através da posse prolongada no tempo na figura de usucapião. A legislação processual civil indica outra forma de constituição: a através de sentença. A tradição completa o rol: a por destinação do proprietário.

3.2. Constituição

O artigo 1.378 do Código Civil indica duas formas de se constituir servidão. A primeira é "mediante declaração expressa dos proprietários". Ser por declaração expressa de vontade afasta, como já visto, a presumibilidade da servidão, a sua criação através da manifestação tácita. A declaração deve ser expressa quando se a torna pública. Tal pode ocorrer através do gesto, da palavra falada ou da manifestação escrita. Como já anotado, a servidão que se realiza através de declaração expressa, como toda e qualquer servidão, deve ser registrada no Cartório do Registro de Imóveis, o que acrescenta ao direito constituído a eficácia *erga omnes*, satisfazendo o princípio de inerência ou de seqüela. Como é óbvio, não se registra declaração que não seja escrita.

Conforme normatiza o artigo 107 do Código Civil, "a validade da declaração de vontade não dependerá de forma especial, senão quando a lei expressamente a exigir".O artigo 108 do mesmo diploma civil essencializa, para validade jurídica do negócio que objetive a constituição de direitos reais sobre imóveis de valor acima de trinta vezes o maior salário mínimo vigente no País, a escritura pública. Este instrumento é base para a instituição de qualquer servidão, seja ela contínua ou descontínua, aparente ou não. Basta que um dos proprietários perca o exercício de alguns de seus direitos dominiais ou fique obrigado a tolerar a utilização pelo outro, para o fim determinado no negócio jurídico. Esta matéria será examinada mais adiante.

Constitui-se, identicamente, servidão através de ato de última vontade, especificamente, pela forma de testamento. É a segunda causa constitutiva prevista no artigo 1.378 referido acima. Na vigência do Código Civil de Bevilacqua, embora a lei fosse omissa, admitia-se a constituição da servidão por testamento. Era o que se lia na doutrina, entre outros, de Orlando Gomes (*Direitos Reais*, 6ª ed. Forense, 1978, p. 289) e de Caio Mário da Silva Pereira (*Instituições de Direito Civil*, 3ª ed., Forense, 1978, p. 227). A interpretação que se fazia é que, tratando-se de testamento, não havia necessidade de registro imobiliário, por força do princípio da saisina, em que o fator de constitutividade estava na abertura da sucessão que se confundia com a morte do testador. Havia, porém, a exceção ditada no artigo 697: a servidão não-aparente exigia o registro no Registro de Imóveis.

O Código Civil de 2002 regra que o testamento pode criar servidão. A possibilidade é expressa em lei. Também de forma explícita determina o artigo 1.378 que, mesmo sendo criada por via testamentária, toda servidão, aparente ou não, depende de registro na circunscrição imobiliária competente. Em outras palavras, o princípio da saisina é inaplicável nas servidões criadas por testamento. A possibilidade de criação do direito real limitado em exame é extensiva a qualquer forma de testamento – público, cerrado, particular e especiais (marítimo, aeronáutico e militar). O codicilo (art. 1.881 do Código Civil), embora pequeno testamento, não serve para criação de servidão, porque seu conteúdo é restrito.

Outra forma de constituição de servidão é a usucapião, indicada no artigo 1.379 do Código Civil. O estudo da usucapibilidade das servidões sugere um entendimento inicial acerca das servidões se classificarem como *aparentes* e não-aparentes, isto porque só as aparentes é que podem ser usucapidas. Tem-se como servidões aparentes aquelas que se revelam pelas obras e sinais exteriores. Assim, o critério revelador da aparência é a exterioridade, os sinais exteriores que a sinalizam. A visibilidade é seu sinal configurante. A falta de qualquer sinal exterior classifica a servidão como não-aparente. Só são usucapíveis as servidões aparentes. Qualquer outra classificação desimporta em sua usucapibilidade.

A prescrição aquisitiva poderá ser *ordinária*. Esta exige a necessária presença de quatro requisitos: a) o exercício da serventia no prédio serviente com o *animus* de adquiri-la, sendo a posse contínua e incontestada; b) ser o proprietário possuidor de justo título, que é a declaração expressa dos proprietários mas que, por alguma irregularidade, não contém a pretensão constitutiva; c) a existência de boa-fé, o que significa a ignorância do vício que conduz a ineficácia da declaração, pela irregularidade; d) prolongamento do exercício possessório por dez anos ininterruptos e sem oposição. A usucapião pode ser, ainda, *extraordinária*, bastando o exercício possessório da serventia com o *animus* de adquiri-la e a posse se prolongar por vinte anos, contínua e incontestadamente.

Há outra forma de constituição de servidão, que é a formada *por sentença*. Ela é tradicional no direito brasileiro. Lafayette (*Direito das Coisas*, Vol. I, Ed. Rio, 1977, p. 432), obra que veio à publicidade em 1877, diz que "nas ações divisórias é permitido ao juiz, no caso de necessidade, constituir servidões em terras dadas a um dos consenhores com utilidade da parte quinhoada ao outro. A instituição de servidões com base em dispositivos de lei processual, nas ações divisórias, é tradicional em nosso ordenamento jurídico. No atual Código de Processo Civil, há o artigo 979, II, em que se defere ao Juiz, ao deliberar sobre a partilha, a competência para instituir servidões "que forem indispensáveis, em favor de uns quinhões sobre os outros".

De origem romana e acolhida expressamente pela legislação de alguns países (França, Itália, Argentina, etc.), há a admissão de outra forma de constituição de servidão denominada de *por destinação do proprietário*, mas que nunca ingressou na legislação brasileira. Uma determinada pessoa, proprietária de dois prédios, resolve, no exercício de seu direito dominial, criar uma sujeição semelhante a uma servidão entre os dois prédios, um na condição de dominante e outro na condição de serviente. Faticamente, há uma serventia predial mas, juridicamente, não se estrutura uma servidão, porque há o impedimento dos prédios não pertencerem a proprietários diferentes.

No momento em que, por morte do proprietário ou por negócios jurídicos havidos, os dois prédios passarem a donos diferentes, o obstáculo para o reconhecimento da servidão desaparece. Tem-se como constituída a servidão, como admitem algumas legislações no direito comparado? Lafayette (*Opus cit.*, Vol. I, p. 431/432), antes da edição do Código Civil de Bevilacqua, apoiava-se em decisões da época para admitir esta forma constitutiva. Mais modernamente, Pontes de Miranda (*Tratado de Direito Privado*, Vol. XVIII, p. 206) afirma: "quando consta que dois fundos, ora separados, foram possuídos pelo mesmo proprietário e o estado em que os deixou mostra que estabelecera situação de servidão, tem-se como constitutiva, pela passagem, a dois ou mais proprietários, a servidão".

Na verdade, a doutrina brasileira é pacífica em acatar esta forma de constituição de servidão. Exige, porém, a presença de três condições necessárias e básicas para sua aceitação: a) a *separação dos dois prédios*, sem a qual nenhuma servidão se forma ou se mantém, no direito brasileiro; b) a *visibilidade da serventia*, o que significa dizer que só servidão aparente – a que se exterioriza através de obras e outros sinais identificadores – é que pode ser constituída por destinação do proprietário; c) a *falta de declaração contrária* à constituição, no ato de separação dos prédios, quanto à servidão constituída. O silêncio dos interessados significará consentimento tácito à constituição que se realiza. Ao contrário, a existência de declaração, manifestando-se contrariamente à constituição, obstaculiza o nascimento da servidão.

3.3. Princípios cogentes

Utilizando-se da declaração expressa dos proprietários, ou convenção bilateral, na constituição de determinada servidão, vê-se que há um grande espaço para os contratantes, livremente, disciplinarem o convencionado, adotando cláusulas e preceitos que estabelecem. O normal, inclusive, é a lei dispor a respeito de determinado tema como norma dispositiva, isto é, se as partes não convencionarem em sentido contrário. É o que ocorre, por exemplo, acerca de qual os contratantes fica obrigado a fazer as obras da servidão (art. 1.381 do Código Civil). A norma legal funciona como um *soldado de reserva*. Ela só passa a fazer parte da convenção das partes se estas se omitirem, nada dispondo a respeito.

Neste item, iremos estudar aquilo que se pode denominar de *princípios cogentes*. Regramentos absolutos, não necessariamente escritos pelos legisladores, cujo conteúdo contém imperatividade, impedindo que as partes disponham a respeito. As partes nada podem preceituar. Preceituando em contrário, a cláusula voluntária nenhuma validade jurídica tem. Consiste, numa primeira observação, no que se denomina de norma cogente, o que se engloba no que denominamos de princípios cogentes. Exclui-se da autonomia dos contratantes a sua disciplinação. O comando da lei afasta a manifestação voluntária dos signatários da declaração expressa. A norma do artigo 1.386 do Código Civil, ao dispor sobre a indivisibilidade das servidões prediais, é princípio cogente.

Mesmo sem a configuração de norma jurídica, pode haver princípio cogente. O direito real de servidão tem sua estruturação jurídica definida, o mesmo acontecendo com a propriedade com a qual ela se envolve. Certas cláusulas que se poderiam convencionar teriam conteúdos conflitantes com as estruturas caracterizadoras da servidão. Por esta evidente incompatibilidade, configurar-se-iam como cláusulas atritantes com princípios cogentes, extraídos por interpretação das normas jurídicas em geral. Tais princípios, que são implícitos, também serão examinados neste item. Assim acontecerá com a *impresumibilidade da servidão, não se constituir servidão sobre servidão* e *a servidão é direito acessório*.

O *princípio da indivisibilidade* é princípio cogente escrito e se apóia no artigo 1.386 do Código Civil. A servidão adere a todas as partes dos dois prédios, inadmitindo-se, em regra, o seu fracionamento. Por força deste entendimento, não se adquire uma servidão por cotas, ou por fração ideal. Numa servidão de trânsito, ela se localiza em todo o itinerário. Lafayette (*Opus cit.*, Vol. I, p. 378) é concludente: "Se o prédio vem a cair no condomínio de dois ou mais indivíduos, a servidão subsiste íntegra e perfeita e cada um dos condôminos a exerce como se fora o único proprietário". Ressalte-se que a indivisibilidade dirige-se não só ao prédio serviente; também ao dominante.

O princípio da indivisibilidade contém uma exceção, ou restrição. O artigo 1.386 citado normatiza em seu final: "salvo se, por natureza, ou destino, só se aplicarem a certa parte de um ou de outro". Numa hipótese em que a servidão para passagem de animais foi obra da natureza, uma estrada dentro do matagal, se o prédio serviente for partilhado, ficando a estrada numa parte de um dos quinhões partilhados, o outro quinhão está liberado da servidão. O mesmo acontecerá se se tratar de servidão de buscar água em um lago, que a natureza firmou sua localização, e com a partilha do prédio serviente o lago fica só em um quinhão.

O *princípio da impresumibilidade* estava no artigo 696 do Código Civil de 1916. O atual Código não o repetiu. Seria de se entender, por isso, não haver mais tal princípio cogente? A resposta é negativa. A impresumibilidade deixou de ser princípio cogente *escrito* para se transformar em princípio cogente *implícito*. Com efeito, o artigo 252 da Lei de Registros Públicos diz que "o registro, enquanto não cancelado, produz todos os seus efeitos legais..." Extrai-se deste artigo uma presunção. O registro do domínio sem qualquer ônus ou restrição legal é presunção de que a propriedade é plena. A presunção de domínio pleno só cede diante de prova em contrário (art. 1.231 do Código Civil). Presumir-se a existência de servidão não se compatibiliza com a presunção legal da propriedade sem qualquer ônus real.

Idêntica era a orientação argumentativa que se apresentava durante a vigência do Código Civil de 1916. O artigo 859 do Código de Bevilacqua regrava "presume-se pertencer o direito real à pessoa, em cujo nome se inscreveu ou transcreveu", norma esta repetida mais fortemente no artigo 252 da Lei dos Registros Públicos. O artigo 527 do mesmo diploma civilista bevilacquano dizia que "o domínio presume-se exclusivo e ilimitado, até prova em contrário", o que foi mantido no atual Código Civil, em seu artigo 1.231, permitindo o aproveitamento atual do argumento de Pontes de Miranda (*Opus cit.*, Vol. XVIII, p. 185/186): "a regra jurídica de que a servidão não se presume é simétrica à presunção da liberdade do domínio: o domínio presume-se sem *restrições*..." O artigo 696 do Código Civil de 1916 era desnecessário, por ser uma demasia.

O princípio da impresumibilidade, como já anotado anteriormente, só admite a existência de servidão devidamente comprovada e constituída por uma das formas já examinadas no item anterior. Não basta se entender sua existência através de interpretação, ilações ou raciocínios. Além deste aspecto, referido princípio atua na área da interpretação das servidões comprovadas, impondo que a interpretação seja *restritiva*. Presumindo-se que a propriedade é sem restrição legal, quando restrição houver, deve-se presumir que ela é limitada, tem seu conteúdo restrito, salvo prova em contrário. Este entendimento tem sido aceito pela jurisprudência para dar à interpretação das servidões o sentido restrito de que se fala.

Outro princípio cogente é o de que a *servidão é direito acessório*. Também se trata de princípio implícito. A compreensão do que seja uma servidão leva à certeza de que ao titular de um prédio é proporcionado o uso de uma utilidade inerente ao outro prédio, cujo titular deve tolerar, *civiliter modo*, a conduta do outro. Este é o dado configurante da servidão, cujo exercício se realiza concomitantemente com o exercício dominial sobre os dois prédios. São dois direitos que coexistem e que devem ser reciprocamente considerados na forma do artigo 92 do Código Civil. Sem dúvida, o direito sobre os prédios tem autonomia por que seu objeto existe concretamente sobre si mesmo. A servidão, ao contrário, não tem autonomia em qualquer momento do fenômeno jurídico e daí ser acessório.

A lei não precisaria dizer. É simples questão de adequamento à principalidade e à acessoriedade referidas no artigo 92 retrocitado. O importante deste entendimento, de que a servidão é acessório, são os efeitos de direito. Como acessório, não importa a mudança de titularidade dos prédios dominante e serviente, porque a servidão sempre os acompanhará. É a força do direito de inerência ou de seqüela, característico de qualquer direito real. Acentua-se, porém, ser impensável dar autonomia à servidão para aliená-la, ou gravá-la, separadamente dos dois prédios. A servidão é acessório e, assim, sempre será tratada.

O derradeiro princípio cogente, o de *não se constituir servidão sobre servidão*, tem origem na expressão latina *servitus servitutis esse non potest*. Ninguém pode alargar servidão que beneficie um prédio seu para outro prédio de seu domínio ou de terceiro. E não só isto. Não se pode fazer *sub* ou *co-servidão* para outras pessoas titulares de outros prédios. A servidão é direito que se limita nos termos da relação de predialidade constituída. Nenhum servidão é feita *intuitu personae*; ela satisfaz a utilidade de um determinado prédio. Fazer recair sobre ela uma servidão para alcançar pessoas ou outro prédio é um contra-senso.

3.4. Usuários da servidão

Todo imóvel, como regra, configura uma patrimonialidade limitada por suas dimensões, cabendo a seu proprietário o direito de usá-lo com exclusividade. Na servidão, esta compreensão é alterada. Extrai-se uma utilidade pertinente a um dos prédios, que passa a ser o serviente, e se a acrescenta às faculdades de uso de outro prédio, que passa a se ter como prédio dominante. Vejamos a realização, por exemplo, de uma servidão de trânsito. A trajetória que se estabelece no prédio serviente, destinada a passagem de pessoas ou animais, é a utilidade que acresce ao que é usável pelo proprietário do imóvel dominante. A dimensão dos dois prédios é respeitada em termos de poder dominial, mas há um acréscimo, quanto ao uso, de utilidade do prédio dominante.

A servidão, como já enfatizado, é um acessório. Não podemos pensar em lhe dar principalidade, ou mesmo, autonomia, para se indagar quem é seu titular dominial. O domínio de cada um dos imóveis continua, territorialmente, o mesmo, um deles acrescido da utilidade do outro. Tema que não se deve propor em matéria de servidão é o da propriedade desta, porque já solucionado pela acessoriedade. Além do mais, conforme se colhe da doutrina, a servidão não busca beneficiar determinada pessoa. Ela é, como já visto, uma utilidade extraída de um prédio e se acrescenta a outro. Jamais se realiza *intuitu personae*. Matéria que interessa, porém, nesta área, é quanto àqueles que se qualifiquem como usuários da servidão estabelecida.

O rol dos usuários da servidão se inicia com o proprietário do prédio dominante mas não necessariamente. Basta que a constituição da servidão se dê sem que o proprietário do prédio dominante nele more e tal prédio esteja locado, arrendado ou dado em comodato para terceiro. Tal ocorrendo, o usuário da utilidade servidão será o locatário, o arrendatário ou o comodatário. Baseado na relação pessoal de locação, de arrendamento ou de comodato, o usuário será quem loca, quem arrenda e quem recebe o imóvel de empréstimo, nele morando. Esta constatação fática significa que possui a aptidão para ser usuário da servidão quem detiver o poder de usar o prédio dominante, exercendo todas as utilidades integradas em sua volta.

Com base nesta idéia de que possui aptidão para usar a servidão quem possa, de modo lícito e autorizado legalmente, usar as utilidades do prédio dominante onde se incluem as utilidades extraídas do prédio serviente para compor a servidão, também serão usuários os parentes, ou não, do morador que morem no prédio dominante. Assim, os filhos, a esposa, a companheira, o pai ou a mãe, a serviçal doméstica, etc.

O usuário exerce a servidão através de ações ou omissões, conforme a natureza jurídica do direito real limitado. Há servidões que, para serem exercidas, necessitam de ações positivas e outras, de ações negativas. Com efeito, no caso de servidões de trânsito, de buscar água e outras, o direito real limitado de que se trata se realiza com ações positivas do usuário transitando, buscando água, etc. Tais servidões, por isso, se definem como servidões *afirmativas ou positivas*. O uso se efetiva por condutas comissivas. No entanto, nas servidões *negativas* de não construir mais alto ou de passagem de luz, o usuário nada faz; simplesmente tem conduta omissiva.

Relativamente ao titular do prédio serviente, sua conduta sempre é omissiva, seja a servidão afirmativa, seja negativa. Na servidão, por exemplo, de não construir mais alto, o dono do prédio serviente poderia, exercendo seu direito de usar, construir além do solo, em altura útil a seu exercício. No entanto, face à servidão constituída, se omite de exercer, com amplitude, os direitos de usar e construir. É a omissão do dono do prédio serviente na servidão negativa. Em se tratando de servidão positiva, também exerce omissão, tolerando a ação do usuário. A propriedade, antes da servidão, era exclusiva. Com a servidão, o dono do prédio serviente tolera o uso do terceiro.

3.5. Exercício da servidão

O exercício e uso de uma servidão pressupõem que ela já tenha todas as obras necessárias à sua conservação e uso. Quando, ao contrário, tais obras precisam ser realizadas para oportunizar o início do exercício, indaga-se quem deve fazê-las? O proprietário do prédio dominante ou o proprietário do prédio serviente? O Código Civil entrega à convenção bilateral constitutiva da servidão a incumbência da escolha. Ao dizer, em seu artigo 1.381, que as obras serão "feitas pelo dono do prédio dominante, se o contrário não dispuser expressamente o título", os donos dos prédios dominante e serviente é que definem quem as fará. O artigo 1.381 é regra dispositiva. Só no silêncio do contrato é que a lei se aplicará. Assim já era no Código Civil de Bevilacqua (art. 700).

As despesas com sua feitura são da responsabilidade de quem fizer as obras. Inclusive, conforme se lê no artigo 1.380, havendo para a servidão mais de um prédio dominante e cabendo ao titular do prédio dominante fazer as obras, as despesas gastas serão rateadas entre os diversos donos dos prédios dominantes. No entanto, como já se observou, a declaração expressa dos proprietários pode clausular que o responsável pela feitura das obras e pelas despesas seja o dono do prédio serviente. Nesta hipótese, o proprietário do prédio serviente, dizia o artigo 701 do Código Civil de 1916, poderia exonerar-se de sua obrigação renunciando "a propriedade ao dono do dominante". Discutia-se, no entanto, se a renúncia (a lei falava, atecnicamente, em abandono) seria de *todo* prédio ou da *parte* onde era exercida a servidão.

O atual Código Civil normatizou, evitando qualquer dúvida. O dono do prédio serviente tem o direito subjetivo de se exonerar, livrando-se de fazer as obras. Basta o ato de *abandonar*, "total ou parcialmente, a propriedade ao dono do dominante" (art. 1.382). O abandono total do prédio serviente era a solução ditada pelo Código anterior. Feito o registro imobiliário da renúncia em favor do dono do prédio dominante, não há que se falar mais em servidão. Se a renúncia é de *parte*, é da parte em que se localizaria a servidão. Também aqui não há que se pensar em qualquer servidão. No entanto, recusando-se a receber o dono do prédio dominante a *parte* ou *todo* do prédio serviente, a ele cabe "custear as obras" (art. 1.382, parágrafo único).

No exercício e uso da servidão, insere-se o direito de remoção do local da servidão que, na vigência do Código Civil de 1916, era direito subjetivo do dono do prédio serviente e, na legislação civil atual, também é do dono do prédio dominante. Ambos, unilateralmente, podem provocar, *sponte sua*, o deslocamento. Pontes de Miranda (*Opus cit.*, Vol. XVIII, p. 375 e 378), escrevendo a respeito do Código Civil bevilacquano, dizia que "a regra jurídica que nele se contém é cogente", embora dispositivo quanto às despesas. Esta compreensão impede que qualquer dos dois proprietários possa, no ato constitutivo da servidão ou em ato posterior, renunciar o direito de remoção.

O exercício do direito de remoção pelo dono do prédio serviente tem precisos limites a obedecer. Em princípio, deve se realizar *à sua custa* e *em nada diminuir as vantagens do prédio dominante* (art. 1.384, *ab initio*). É a forma que o legislador encontrou de haver respeito ao contrato e aos direitos do dono do prédio dominante. Este, para exercer o direito de remoção, deve atender a pressupostos: ser a remoção feita *à sua custa*, haver *considerável incremento da utilidade* e *não prejudicar o prédio serviente* (art. 1.384, *in fine*). A existência destes pressupostos tem o objetivo de limitar, com razoabilidade, a unilateralidade da pretensão modificativa.

Numa servidão, de um lado, as necessidades do prédio dominante balizam o seu exercício, impedindo-se, quanto possível, o agravamento do encargo do prédio serviente (art. 1.385). O usuário da servidão tem que se restringir a seu fim, não podendo ampliar a outro. De outro lado, não pode o dono do prédio serviente embaraçar o exercício legítimo da servidão (art. 1.383). Estas condutas, assim disciplinadas, se harmonizam, garantindo o pleno exercício da servidão.

3.6. Extinção da servidão

Ressaltada a existência de uma única exceção, a servidão, após registrada, só se tem como extinta *erga omnes*, quando cancelada. A exceção está na *desapropriação*. O ato expropriatório, vindo a ocorrer, gera a perda das propriedades dos imóveis desapropriados (art. 1.275, V), não ficando a transmissão para o Poder Público dependente do registro na circunscrição imobiliária. Não há mais, como conseqüência, o pressuposto de dois prédios pertencentes a donos diversos, cessando, como efeito, a servidão. Entenda-se que o Código Civil e os Registros Públicos disciplinam as relações jurídicas de direito privado, não alcançando, como conseqüência, as de direito público. Afastada a desapropriação, a servidão só se extingue como direito real quando há seu cancelamento no registro imobiliário.

A desapropriação, na área do direito real da servidão, não acontece unicamente quando o ato desapropriatório ocorre, como ato único, expropriando os prédios da relação de predialidade. Há outras hipóteses. É possível o poder expropriante desapropriar somente o prédio dominante com expressa *renúncia* do conteúdo da servidão que se acrescia com a utilidade do prédio serviente. Também é possível o Poder Público realizar a desapropriação somente do prédio serviente *com a* desapropriação da servidão. Nas duas situações, os dois prédios têm donos diferentes, mas a servidão foi extinta pela expropriação. Numa última situação, perfeitamente possível juridicamente, mas de duvidosa conveniência prática, a desapropriação pode ter, como objeto, exclusivamente a servidão.

Tanto o prédio dominante, acrescido da utilidade, como o prédio serviente, tolerando a intromissão de outrem ou reduzindo seu direito de uso, não estão impedidos de serem dados em hipoteca. A garantia que se realize futuramente não trará nenhum prejuízo ao dono do prédio dominante face à seqüela, ao direito de inerência. Mas, sem dúvida, como valor extraível do prédio dominante, há um acréscimo representado pelo *plus* que ele tem na utilidade que lhe acresce e vinda do prédio serviente. O cancelamento imobiliário de uma servidão, assim, pode prejudicar o prédio dominante, se hipotecado. Daí exigir-se, para o ato do cancelamento imobiliário, a concordância do credor hipotecário, se a servidão for mencionada no título respectivo.

O cancelamento do registro imobiliário, porém, é resultado de uma causa extintiva prevista em lei. Não se cancela o registro sem a existência de uma causa anterior suficiente. Cancela-se-o, por exemplo, porque houve o resgate da servidão, porque o desuso ultrapassou a dez anos, etc. Neste item, em que se estuda a extinção da servidão, na verdade o estudo se limita a examinar o rol das causas extintivas, explicando-as uma a uma. O legislador do atual Código Civil, seguindo a mesma orientação adotada por Clóvis Bevilacqua no anterior Código, sistematizou o elenco de causas em duas séries. Na primeira delas, legitimou expressamente o dono do prédio serviente para, através de medida judicial, efetivar o cancelamento, nas três hipóteses que passamos a examinar.

A *renúncia* da servidão pelo dono do prédio serviente é a primeira hipótese. Se e enquanto a renúncia estiver devidamente titulada e comprovada, não há necessidade de se utilizar de meios judiciais. Basta que seja levada ao Cartório de Registro de Imóveis e se efetive o cancelamento do registro. A questão que exige intervenção judicial seria a servidão não titulada. E aí aparece uma forte indagação. A renúncia de uma servidão, que é direito real limitado, não exige forma especial prevista em lei, sendo necessariamente titulada? Os direitos reais sobre imóveis realizados em atos *inter vivos*, que objetivem sua constituição, transferência, modificação ou *renúncia*, têm a essencialidade da escritura pública, se "de valor superior a trinta vezes o maior salário mínimo vigente no País" (art. 108 do Código Civil).

Diante de todos estes fatos, o ato de renúncia configura negócio jurídico que, para sua validade, como regra geral, exige forma especial, que é a escritura pública. Só numa situação, a escritura é dispensada. Quando seu valor não exceder a trinta vezes o maior salário mínimo vigente no País. Para esta última hipótese é que serve o artigo 1.388, I, do Código Civil. É a interpretação sistêmica que se faz para compatibilizar todas as normas jurídicas pertinentes à renúncia da servidão. Devidamente titulada, não há a menor necessidade de um processo judicial. Quando não houver título, aí sim, se justificam os meios judiciais.

A *cessação da utilidade ou comodidade* é a segunda hipótese. O conteúdo de uma servidão se enche de utilidade extraída do prédio serviente e transferida para acrescer as utilidades do prédio dominante, ou de parte do direito de usar que o dono de prédio serviente se abstém de exercer, tolerando que o prédio dominante se acrescente dela, aumentando sua comodidade. Não há servidão sem utilidade ou comodidade favoráveis ao prédio dominante. A alteração na utilidade ou comodidade tem influência no exercício da servidão, seja para permitir a remoção da servidão de um local para outro (art. 1.384) e, agora, na área da extinção, provocar sua causa extintiva. Esta causa é nova no Código Civil de 2002. Dela, não tratou Bevilacqua.

A *resgatabilidade* da servidão é a terceira e última hipótese da primeira série elencada na lei. O ato de resgatar equivale a, pagando uma quantia em dinheiro, o dono do prédio serviente ter seu prédio liberado do ônus da servidão que o gravava. No direito português, afirmava Cunha Gonçalves (*Tratado de Direito Civil*, Max Limonad, p. 790), que havia o princípio cogente da *irremibilidade*. A servidão era, no direito lusitano, irresgatável. No entanto, no direito brasileiro há silêncio absoluto a respeito, cabendo aos proprietários dos prédios serviente e dominante disporem acerca do tema. Ser resgatável é direito que nasce da cláusula do ato constitutivo. Na omissão, não há resgatabilidade.

O artigo 1.389 do Código Civil elenca mais três situações que causam a extinção da servidão. Diferentemente do artigo 1.388, não limita seu uso somente ao dono do prédio serviente nem impõe que o cancelamento do registro imobiliário dependa da utilização de meios judiciais. O suficiente é haver prova da causa da extinção. Possuindo tal prova, legitimam-se o dono do prédio dominante, o titular do prédio serviente e até terceiro (art. 217 da Lei de Registros Públicos, Lei nº 6.015/1973). As três novas hipóteses previstas são: *reunião dos dois prédios na mesma titularidade dominial, supressão das respectivas obras* e *não-uso durante dez anos contínuos*.

Requisito essencial da servidão, no ato de sua constituição, é que os prédios da relação de predialidade – o dominante e o serviente – pertençam a pessoas diferentes. O requisito consta da lei e é indispensável. O único proprietário dos dois prédios pode criar uma serventia mas, considerada a mesmice dominial, servidão não é. O entendimento que, pelos estudos realizados se acrescenta, é o de que a dominialidade diferenciada dos prédios é requisito essencial na constituição da servidão e, identicamente, para que haja, durante o tempo, a mantença do direito real limitado. A reunião dos dois prédios em um só domínio causa a extinção da servidão pelo fenômeno jurídico da *confusão*.

A *supressão de obras*, como causa extintiva da servidão, não concerne a qualquer obra. Ela se referencia a obras *necessárias* ao exercício do direito real limitado. Obras que, mesmo suprimidas e não feitas, não impedem ou prejudicam acentuadamente a utilidade ou comodidade da servidão, não têm reflexo extintivo. As obras referidas na lei são as necessárias, as que não feitas obstam o útil exercício do direito real limitado. Além do mais, as obras que interessam nesta causa extintiva são aquelas que devem ser feitas por força do contrato, ou de outro título expresso.

O que significa não-uso da servidão é de fácil entendimento. O problema começa a aparecer quando se indaga qual o termo inicial da contagem do decênio necessário à extinção? Na hipótese de se tratar de uma servidão de não construir mais alto ou de passagem de luz, qual a conduta que define o termo inicial dos dez anos se, nestas servidões, o dono do prédio dominante não tem um *faciendo*, tudo se reduzindo em omissões? Na servidão de trânsito, em que seu exercício se enche de ações, o não-uso se identifica com o deixar de transitar. A questão fundamental é dividir, como já propusemos no subitem 3.4, as servidões em *positivas* e em *negativas* e, assim, chegar a conclusões.

As servidões *afirmativas* são exercitadas através de condutas comissivas do titular-usuário do prédio dominante. A partir do momento em que este deixar de praticar tais ações está se formando o que se entende e se aperfeiçoa como não-uso. O termo inicial é identificado com o não-exercício dos atos positivos. É o não-uso das servidões afirmativas. Ao contrário, nas servidões *negativas*, o exercício se compatibiliza com a omissão do prédio serviente, cujo titular *não* impede a passagem da luz *nem* constrói acima do convencionado.. O não-uso do exercício se dá quando o dono do prédio serviente impede a passagem da luz ou constrói mais alto, ante o absoluto silêncio do proprietário-usuário do prédio dominante.

Esta orientação é a imprimida por Caio Mário da Silva Pereira (*Instituições de Direito Civil*, 3ª edição, Forense, 1978, p. 231,), Lafayette (*Direito das Coisas*, Vol. I, Ed. Rio, 1977, p. 439/440) e J. M. de Carvalho Santos (*Código Civil Brasileiro Interpretado*, Vol. IX, 13ª edição, Freitas Bastos, 1978, p. 271/272).

4. Usufruto

4.1. Entendimento inicial

Os direitos de *usar* e de *fruir* não são partes que se integram no conceito de propriedade. O que a lei diz é que o *dominus* tem a faculdade de usar e fruir da coisa sob domínio e, querendo, pode transmitir, com a natureza de direito pessoal, o usar e o fruir para terceiro, como em um comodato, ou com a natureza de direito real. A existência de um bem, móvel ou imóvel, do qual se destacam, temporariamente, os direitos de usar e de fruir, para serem entregues a outrem, que se denominará de usufrutuário, permanecendo o que resta, a *substância da coisa*, com o proprietário, configura o direito real de usufruto, atendidos outros requisitos no ato de constituição e, pela eficácia *erga omnes* se tratando de imóvel, o registro imobiliário.

Desta forma, o exercício do domínio se restringe ante o usufrutuário que passa a exercer a usabilidade e/ou a fruibilidade da coisa. No direito à substância da coisa, se insere a *vis atractiva* de restituibilidade dos poderes destacados ao término do usufruto. Em regra, o objeto dado em usufruto passa à posse direta do usufrutuário (art. 1.394 do Código Civil), com a cláusula do *salva rerum substantia*, que se traduz, em nosso ordenamento jurídico, como a obrigação de velar para conservação da coisa e entregá-la, findo o usufruto, no estado em que a recebeu (art. 1.400). O usufrutuário pode usar e fruir a coisa, mas a substância está garantida contra qualquer tentativa de esgotabilidade.

O *jus utendi* transferido se limita, qualitativa e quantitativamente, conforme previsto no ato constitutivo e, na omissão deste, devem incidir as normas legais. *Usar* corresponde à utilização da coisa *civiliter modo*, de forma regular, com respeito à sua substância. Ao dizer o artigo 1.402 não ser o usufrutuário "obrigado a pagar a deteriorações resultantes do exercício regular do usufruto", a natureza e o limite do uso estão definidos. O *jus fruendi*, que é o principal conteúdo do usufruto, permitindo-se a percepção dos frutos durante a vigência do usufruto, é matéria a ser examinada mais adiante, no subitem 4.2 correspondente à *usufruição*. Ingressemos, a partir de agora, no objeto do usufruto.

Para ser objeto do direito real limitado de que tratamos, o bem deve ser *usável* e/ou *fruível*, para que se extraiam dele as faculdades que compõem o conjunto usabilidade e fruibilidade necessário à compreensão do usufruto. A amplitude do objeto está explicitada no artigo 1.390 do Código Civil: "O usufruto pode recair em um ou mais bens, móveis ou imóveis, em um patrimônio inteiro, ou parte deste, abrangendo-lhe, no todo ou em parte, os frutos e utilidades". Além desta explicitude, em outras normas se fala em *títulos de crédito* (art. 1.395), *indenização paga em dinheiro* (art. 1.409), etc. Temos que a abrangência dos bens, com aptidão para serem objeto de usufruto, tem um alcance considerável.

A questão concernente ao objeto conduz a duas discussões importantes. A referente à extensão do usufruto aos *acessórios* da coisa usufruída e *seus acrescidos* e os problemas que se formam quando há *coisas consumíveis*. Em linhas gerais, *acessório*, no conceito dado pelo artigo 92 do Código Civil, é todo bem "cuja existência supõe a do principal", sendo este o que "existe sobre si, abstrata e concretamente". *Acrescido* é o que, após constituído o usufruto, se acrescenta à coisa usufruída. E, por fim, bem *consumível* é o móvel cujo uso resulta na destruição imediata da própria substância (art. 86). Como são tratados estes bens no usufruto?

Pela regra do artigo 1.392 do Código Civil, o usufruto se estende aos acessórios da coisa e a seus acrescidos. Trata-se de norma dispositiva e não cogente, porque o artigo faz a ressalva: "salvo disposição em contrário". O falar em acessórios e acrescidos dá a certeza que, não havendo a cláusula contratual em contrário, a abrangência se amplifica no momento da constituição do usufruto e durante o seu prazo. Assim, o usufruto de um terreno se estende às construções que já existiam bem como as que vierem a existir. Identicamente, com as plantações. As partes, querendo, podem excluir os acessórios e acrescidos da abrangência da usufruição. Basta explicitar a ressalva, clausulando expressamente em sentido contrário.

Esta regra só se aplica onde houver acessoriedade do aumento em relação ao objeto usufruído. As acessões – aluvião, avulsão, álveo abandonado, etc. – são acrescidos para o artigo em exame. Contudo, as novas aquisições do proprietário, aumentando o seu patrimônio, mesmo que havendo contigüidade física, não levam à extensão do usufruto, isto porque, inocorrente a acessoriedade, a parte fisicamente aumentada, mesmo que contígua, é unidade territorial autônoma. Daí pode-se concluir, sem qualquer sombra de dúvida, que aos aumentos da extensão do terreno só se estende o usufruto presente a acessoriedade.

Pode-se indagar se o usufruto da área de terras se estende, no silêncio do contrato, a animais, máquinas ou tratores que estejam em cima da terra, ou dentro do prédio usufruído. Aqui não há que falar, propriamente, em acessório e acrescido. Tais bens não se integram fisicamente ao terreno usufruído; não são partes integrantes da extensão de terra. O usufruto só se lhe estende se forem *pertenças*, face à destinação duradoura ao uso, ao serviço e ao aformoseamento do terreno. Havendo esta destinação, há relação de pertinencialidade que submete tais bens ao usufruto. O que ocorre, na hipótese, é o que se denominava, no Código Civil de Bevilacqua, de acessão intelectual. Contudo, se não se configurarem a destinação intelectual e o modo duradouro, não há extensão do usufruto.

Considerando, outrossim, que a coisa consumível importa, em sendo utilizada, na destruição imediata de sua substância (art. 86), trata-se de objeto sem aptidão para ser usufruído, porque se incompatibiliza com a *salva rerum substancia*, elemento do usufruto. Não há condições de usufrutuário conservar a coisa consumível para entrega, a final, ao proprietário. Entretanto, o direito brasileiro – como admitia o romano e admite o direito comparado –, com base na Lei Civil de Bevilacqua, previa o *usufruto impróprio* (art. 726), onde não havia o *salva rerum substantia* mas a obrigação de restituir o equivalente em gênero, qualidade e quantidade ou por seu preço já avaliado ou avaliável.

O Código Civil atual operou uma alteração. Não mais admitiu o usufruto impróprio. O que admite é que, em qualquer usufruto normal, possam existir, entre acessórios e acrescidos, coisas consumíveis. E, para estes últimos bens, criou uma regra para quando findo o usufruto: "terá o usufrutuário o dever de restituir...as que ainda houver e, das outras, o equivalente em gênero, qualidade e quantidade, ou, não sendo possível, o seu valor, estimado ao tempo da restituição" (art. 1.392, § 1º). O usufruto tendo *exclusivamente*, como objeto, bens consumíveis, que era admitido no Código Civil de 1916, não mais é possível. Admitem-se coisas consumíveis como acessórios e/ou acrescidos.

4.2. Usufruição

A usufruição é o conjunto de faculdades que, na constituição do usufruto, o proprietário do objeto usufruído concede ao usufrutuário, no que concerne à utilização da coisa e sua fruibilidade. O *jus utendi*, conforme já ressaltado anteriormente, é o direito à utilização do bem usufruído *civiliter modo*, de acordo com a lei, de forma regular, sem prejuízo da substância da coisa. Contudo, o que se faz necessário, normalmente, ao exercício da usufruição, é a posse e a administração que lhe são transmitidas (art. 1.394). Melhor compreendido, a posse direta, a com contato físico, e a administração, que é o gerenciamento da coisa usufruída, embora a exceção quando o usufrutuário não quiser ou não puder dar a caução exigida.

Com efeito, a garantia do *salva rerum substantia* está no fazer, antes de assumir o usufruto, o inventário dos bens que receber, fazendo constar dele o estado em que se encontram, dando caução, fidejussória ou real, se lhe pedir o proprietário, de velar pela conservação dos bens e entregá-los findo o usufruto. O fato de não querer dar caução ou não puder dá-la faz com que o usufrutuário perca o direito de administrar o usufruto, sendo a administração realizada pelo proprietário, entregando este, periodicamente, ao usufrutuário, o rendimento (art. 1.401).

No *jus fruendi* se integra, genericamente, o direito de perceber os frutos da coisa, quer sejam os *naturais*, quer sejam os *civis*. Aqueles, os *naturais*, os que, na concepção de Lafayette (*Opus cit.*, Vol. I, p. 319/320), "periodicamente nascem e renascem da coisa", e os *civis*, "os rendimentos e benefícios que alguém tira de uma coisa" (Caio Mário da Silva Pereira. *Opus cit.*, Vol. I, p. 380), utilizando economicamente o uso da própria coisa. A regulação quanto à percepção dos frutos naturais e civis, salvo o que dispuser expressamente o contrato entre as partes, obedece a certas normatividades legais, conforme exporemos a seguir.

O artigo 1.396 diz que "o usufrutuário faz seus os *frutos naturais*, pendentes ao começar o usufruto, sem encargo de pagar as despesas de produção". A indicação da lei deve ser bem entendida para evitar qualquer equívoco. O fruto natural enquanto pendente é acessório do principal e, por lógica, segue a dominialidade da coisa usufruída. Como os frutos pendentes ainda são acessórios da coisa e se incluem na sua substância, o que o artigo concede ao usufrutuário, ao começar o usufruto, é *pretensão* do usufrutuário aos frutos; ele só os faz seus com a separação (art. 1.215). Com o destaque havido, o fruto natural se principaliza e, via de conseqüência, ingressa no domínio do usufrutuário.

À configuração do destaque não interessa a sua causa. Se por ação humana, seja do proprietário, do usufrutuário ou de terceiro; se por força dos ventos, que faz o fruto natural cair; se em conseqüência de fortes chuvas, etc., se houver destaque, a conseqüência jurídica é a mesma. A separação opera, na área da física, a quebra do vínculo que configurava a relação de acessoriedade. O fruto destacado passa a ser autônomo. Ao contrário, sem que haja o fenômeno do destaque, os frutos mantêm a acessoriedade. O disposto no parágrafo único do artigo 1.396 acentua que "os frutos naturais, pendentes ao tempo em que cessa o usufruto, pertencem ao dono, também sem compensação das despesas".

Os *frutos civis* têm sua regulação e disciplina no artigo 1.398: "Os frutos civis, vencidos na data inicial do usufruto, pertencem ao proprietário, e ao usufrutuário os vencidos na data em que cessa o usufruto". Para a percepção dos frutos civis não há destaque; o elemento a considerar é o vencimento. Cabe à lei dizer que data é esta. No Código Civil argentino, explicita o artigo 2.425 que "los frutos civiles se juzgarán percibidos solamente desde que fuesen cobrados y recibidos, y no por día". Na legislação brasileira, o Código Civil de Bevilacqua bem como o atual tem orientação diferenciada: "Os frutos naturais e industriais reputam-se colhidos e percebidos, logo que são separados; os civis reputam-se percebidos dia por dia" (art. 1.215).

O artigo 1.397 trata de *crias de animais.* Duas observações são necessárias. As crias de animais não deixam de ser frutos naturais. A disciplina pertinente já foi examinada anteriormente, neste mesmo subitem. Quando o objeto de usufruto refere-se a cabeças de gado – por isso, sobre coisas coletivas (*universitas rerum*) –, a percepção das crias de animais obedece à específica disciplina do artigo 1.397, que ora estamos examinando. No entanto, se o usufruto refere-se à coisa individualizada (*uti singuli*), a regra disciplinadora é a anterior atinente aos frutos naturais. Do artigo 1.397 se extrai que nem todas as crias são frutos pertencentes ao usufrutuário; somente as que restam após a inteiração do objeto coletivo.

Esta interpretação, para se aplicar o artigo 1.397 somente ao usufruto de coisas coletivas, e não de coisas singulares, considera as regras expostas nos artigos 89 e 90 do Código Civil. Com efeito, nos bens singulares, pouco ou nada importa a reunião física entre eles, porque cada um deles se considera "de *per si*, independentemente dos demais".

Ao contrário, nas coisas coletivas há a formação de um todo transformado na universalidade, referentes à mesma pessoa, com destinação e tratamento jurídico-normativo unitários. Esta última situação é que aparece, em toda sua inteireza, nos usufrutos de rebanhos, os *universitas rerum*.

O elemento básico para se entender a disciplina da percepção das crias de animais nos usufrutos sobre coisas coletivas está na *summissio*. A cada nascimento de crias deve, para atender ao *salva rerum substantia*, se deduzir previamente das crias a quantidade necessária para inteirar aquelas que não mais estão no rebanho. Feita a devida inteiração, a *summissio*, as crias que restarem é que ingressam na percepção do usufrutuário. Em outras palavras, antes do ato de inteirar, ou havendo insuficiência quantitativa de crias para inteirar, não há frutos que pertençam ao usufrutuário. Para esta prévia inteiração, ou prévia dedução, desimporta se, para a falta – morte, extravio, etc. – dos animais dados em usufruto, há ou não culpa do usufrutuário.

O momento da inteiração é a cada nascimento das crias e, se ainda existir, a cada momento que faltar a cabeça de gado. Porém, se após a inteiração, as crias restantes forem alienadas, a alienação é válida e eficaz porque a propriedade do usufrutuário não era resolúvel. Crias alienadas não ingressam na inteiração. Pontes de Miranda (*Opus cit.*, Vol. XIX, p. 173), preocupado com a possível irregularidade no exercício da *summissio*, sustenta que a inteiração deve ter uma visão quantitativa e, identicamente, qualitativa: "deve ser tal que não deturpe o rebanho, ou manada, com animais de raça inferior, nem com crias defeituosas, nem com crias de sexo diferente, comprometendo a coisa coletiva e a proliferação".

Na ampla área da fruição nos usufrutos, indaga-se quanto à percepção dos frutos quando, nos prédios usufruídos, há florestas e, no subsolo, recursos minerais. Nestes locais, como é consabido, os frutos não existem por conceito e, sim, por destinação econômica. As árvores das florestas são produtos ou frutos? O extraível das minas é fruto ou produto? A solução tem sido definida por destinação econômica do proprietário. Por isso, a lei impõe que, na constituição do usufruto, "devem o dono e o usufrutuário prefixar-lhe a extensão do gozo e a maneira da exploração" (art. 1.392, § 2º). O Código Civil anterior buscava solução idêntica mas, ao invés do imperativo *devem*, usava o permissivo *podem* (art. 725).

Há outra e final questão. O usufrutuário, na conduta de percepção dos frutos, vem a colher frutos temporões, isto é, frutos ainda não maduros, com destaque antecipado. Se tal ocorrer a quem pertencem tais frutos, a ele usufrutuário ou ao nu-proprietário? A pergunta se impõe face à regra do artigo 1.214, parágrafo único, *in fine*, do Código Civil: "devem ser também restituídos os frutos colhidos com antecipação". O fundamento racional da norma é que, na separação antecipada de frutos, pode haver atuação e, obviamente, suspeita de malícia. A matéria é discutida na doutrina.

Pontes de Miranda (*Opus cit.*, Tomo XIX, p. 86), depois de se sustentar na idéia de que os frutos pendentes ao cessar o usufruto pertencem ao proprietário, afirma que o usufrutuário "só os pode colher temporões...se não estariam pendentes ao cessar". A solução, é bem verdade, foi dada durante a vigência do Código Civil de 1916, com base em artigo deste diploma. A atual Código nada alterou a respeito (art. 1.396, parágrafo único). A conclusão, por isso, é a mesma.

4.3. Constituição

Não se pode pensar em desenvolver um estudo acerca da constituição do usufruto e a partir de quando ele adquire a eficácia de direito real, sem que se faça, inicialmente, uma distinção relevante. O usufruto pode ser mobiliário ou imobiliário. O ordenamento jurídico brasileiro, no que concerne à constituição e, notadamente, ao fator de constitutividade, que é o nascimento da eficácia do direito real para o efeito da seqüela e da inerência, tem regras diferenciadas. Esta distinção não precisou ser realizada no estudo dos direitos reais de superfície e servidão, porque se tratam de direitos essencial e exclusivamente imobiliários. No usufruto, a distinção é fundamental. Por isso, começamos a enfrentar o direito real de usufruto, se e enquanto imobiliário.

Uma das formas possíveis de constituição do usufruto é a por ato *inter vivos*. Trata-se de negócio jurídico gratuito ou oneroso. As partes, em convenção bilateral, estabelecem-no através de contrato. A lei civil, afora a hipótese do direito real ser de valor igual ou inferior a trinta vezes o maior salário mínimo vigente no País e considerando se tratar de direito real imobiliário, exige forma especial de negócio jurídico: a escritura pública, que se apresenta como essencial (art. 108), ou seja, aquela que é lavrada em notas de tabelião e dotada de fé pública. Só se tratando de direito real com valor igual ou inferior à taxa legal é que há permissão de uso de escrito particular. A escritura pública é condição básica mas depende, para a eficácia real, de publicidade que lhe sirva de fator de constitutividade.

Esta publicidade, para gerar o efeito de conhecimento pela coletividade em geral, depende de o ato negocial ser devidamente registrado na circunscrição imobiliária competente, conforme determinação do artigo 1.227 do Código Civil. Mais do que isto, na própria disciplina normativa pertinente ao usufruto, há a determinação de que, no usufruto de imóveis, o direito real limitado constitui-se "mediante registro no Cartório de Registro de Imóveis" (art. 1.391). É relevante este fator de constitutividade. A mera existência do negócio jurídico, sem o registro imobiliário, configura simples relação jurídica pessoal entre usufrutuário e proprietário; nada lhe acrescenta do direito de seqüela, ou inerência, que é o elemento definidor do direito real.

Outra forma de constituição de usufruto é a através de ato *causa mortis*, ou seja, mediante testamento. Qualquer que seja o testamento, desde que atendidos seus requisitos legais, é possível servir de instrumento para constituir usufruto. A matéria não oportuniza ou desenvolve qualquer discussão a respeito. O Código Civil atual, assim como o de Bevilacqua, tem dispositivos que espancam qualquer dúvida quanto à constituição do usufruto por testamento. Tanto no artigo 1.921 como no 1.946, fala-se em *legado de usufruto*. A questão que está a exigir enfrentamento é acerca do momento da constitutividade do direito real estabelecido. Tal se dá quando da abertura da sucessão (morte do testador) ou do registro do legado na circunscrição imobiliária?

O legado não ingressa no direito da saisina referido no artigo 1.784, porque ali só se fala em herdeiros legítimos e testamentários; não em legatários. A matéria, quanto a estes, está normatizada no artigo 1.923. Deste artigo, se extraem duas regras: a) a posse da coisa legada não se defere de imediato na abertura da sucessão. Quanto à posse, portanto, inexiste a saisina, ou o *desde logo*; b) a titularidade da coisa legada, salvo se estiver sob condição suspensiva, é do legatário desde abertura da sucessão. Para este efeito, a saisina é aplicável. Ora, se o legatário é titular do usufruto desde a abertura da sucessão, inclusive dos frutos da coisa (art. 1.923, § 2º), a constituição do direito real não depende do registro imobiliário.

Seria possível a constituição do usufruto mediante a *usucapião*? No Brasil, a doutrina, com uma ilustre e respeitável divergência, e a tranqüila jurisprudência, já a admitiam durante a vigência do Código Civil de 1916. Durante sua vigência é que se formou a posição discordante de Pontes de Miranda (*Opus cit.*, Vol. XIX, p. 36). O ilustre doutrinador jamais negou a possibilidade de haver posse com o ânimo de usufruir tendo por objeto qualquer bem. A impossibilidade de usufruto via usucapião era legal. Bevilacqua previra, expressamente, a usucapião para o domínio e a servidão. Silenciara, no entanto, referentemente ao usufruto. Ora, se para duas hipóteses a lei dispunha acerca da possibilidade de usucapir, a omissão quanto à terceira deveria ser entendida como impossibilidade. Era o argumento de Pontes.

O Código Civil de 2002, em uma só norma, teve a felicidade de responder duas questões relativas à usucapião do usufruto. No artigo 1.391, prescreveu que "o usufruto de imóveis, *quando não resultar de usucapião*, constituir-se-á mediante registro no Cartório de Registro de Imóveis" (*os grifos são nossos*). São duas preceituações indiscutíveis. A *primeira*, a de que, da posse qualificada que se prolongue no tempo, pode resultar aquisição por usucapião de usufruto, o que é admiti-lo, expressamente, em nosso ordenamento jurídico, desaparecendo o argumento em contrário do sempre lembrado Pontes de Miranda. A *segunda*, a de que, na situação de usufruto estabelecido por prescrição aquisitiva, o fator de constitutividade é o implemento de todos os requisitos para usucapir. O registro imobiliário é desnecessário.

Orlando Gomes (*Opus cit.*, p. 304) elenca uma quinta forma: "constitui-se ainda o usufruto, embora assim não se estabeleça originariamente, por *sub-rogação* quando a coisa em que recai é substituída". Entenda-se. A coisa usufruída pode estar segurada e, acontecendo o risco do contrato, haver o pagamento da indenização prevista contratualmente, ou ser desapropriada, resultando ao proprietário o direito ao percebimento da justa indenização em dinheiro, ou o bem sofrer dano por ato culposo de terceiro que deverá ressarcir o proprietário por todo prejuízo sofrido. Em todas estas três situações, determina a lei civil que o direito de usufrutuário fica sub-rogado no valor das indenizações pagas (arts. 1.407 e 1.409).

A sub-rogação, face aos fatos referidos anteriormente, se efetiva independentemente da vontade das partes. Queira ou não o usufrutuário, concorde ou não o nu-proprietário, o dinheiro da indenização passa a ser o objeto do usufruto. A sub-rogação se realiza automaticamente, por força da lei. Tendo a posse do dinheiro, o usufrutuário pode livremente administrá-lo, fazendo jus aos frutos resultantes. Isto é indiscutível. Mas há o *salva rerum substantia*, o dever de restituibilidade, onde se inclui a correção monetária, pela simples razão da correção monetária não ter natureza frugífera. Findo o usufruto, por isso, a nosso entender, o dinheiro recebido, preenchido com a correção monetária, deve ser devolvido.

Tratando-se, porém, de usufruto *mobiliário*, como se dá sua constituição? Duas regras são suficientes para explicitar a ampla liberdade na constituição do usufruto de móveis. A sua constitutividade independe de qualquer registro público. O artigo 1.226 do Código Civil não deixa margem a qualquer dúvida: "Os direitos reais sobre coisas móveis, quando constituídos, ou transmitidos por atos entre vivos, só se adquirem com a tradição". *Tradição*, como já tivemos oportunidade de examinar, é a circulação física da coisa móvel das mãos do transmitente para as do adquirente. O negócio jurídico de móveis, outrossim, não exige forma especial. As demais formas são possíveis; não obrigatórias.

4.4. Características

O artigo 1.393 do Código Civil traduz uma característica básica do direito real de usufruto: "Não se pode transferir o usufruto por alienação". Esta regra, de vital importância no direito de usufruto, deve ser bem compreendida. No direito real de que se trata, há dois direitos: o da *usufruição*, que é do usufrutuário, e o da *propriedade desnudada*, que é do nu-proprietário. O que está proibido se alienar em qualquer de suas formas, vender, doar, dar em pagamento, trocar, etc., é a *usufruição*, cuja titularidade é do usufrutuário. A nua-propriedade pode ser, livremente, vendida a qualquer pessoa, inclusive para o usufrutuário. Nenhuma restrição se contém na lei ou fora dela quanto à propriedade desvestida.

O Código Civil de Bevilacqua tinha outra redação: "o usufruto só se pode transferir, por alienação, ao proprietário da coisa..." (art. 717). A própria norma criava uma exceção quanto a poder se alienar a usufruição para o nu-proprietário. O atual Código não repete, expressamente, esta exceção. Nem por isso, porém, chega-se à conclusão de estar vedada a alienação ao *dominus* do bem usufruído. Pensamos, inclusive, que o legislador foi mais técnico. No momento em que o nu-proprietário adquirir do usufrutuário os poderes de usar e fruir, a usufruição, juntando-os à nua-propriedade, está ocorrendo o fenômeno jurídico da *consolidação*, dando plenitude à propriedade como se lê do artigo 1.410, VI.

A vedação do artigo 1.399 é de, se alienando, constituir um direito real sobre o usufruto. Nada impede, contudo, a transmissão, a título gratuito ou oneroso, da usufruição como *direito pessoal*. O mesmo artigo complementa a normatividade: "mas o seu exercício pode ceder-se por título gratuito ou oneroso". Deste modo, o usufrutuário pode ceder a coisa usufruída em comodato, em que há gratuidade, ou em locação ou arrendamento, que são a título oneroso. Além de se tratar de conclusão sem eiva de dúvida, o artigo 1.399 aduz que "o usufrutuário pode usufruir em pessoa, ou mediante arrendamento, o prédio..." Estas restrições concernem aos atos *inter vivos*.

O usufruto também é intransmissível, *causa mortis*. A morte do usufrutuário não produz a abertura da sucessão para que os bens usufruídos se transmitam aos herdeiros do usufrutuário falecido. Diz o artigo 1.410, I, *in fine*, do Código Civil, que o usufruto se extingue, retornando a coisa usufruída ao proprietário, pela *morte do usufrutuário*. A regra é imperativa, inatacada pela vontade das partes. Até no usufruto constituído por testamento, a morte do usufrutuário, mesmo que não prevista no ato de última vontade, extingue o direito real limitado: "O legado do usufruto, sem fixação de tempo, entende-se deixado ao legatário por toda vida" (art. 1.921).

Há, porém, uma hipótese, que vai configurar o que se denomina de *direito de acrescer*. Tal pode ocorrer no usufruto conjuntivo, naquele em que há mais de um usufrutuário. A lei permite que, morrendo um dos co-usufrutuários e assim dispondo expressamente o ato constitutivo, pode haver transmissão da parte do que morrer em favor dos demais. É o que dispõe o artigo 1.411: "Constituído o usufruto em favor de duas ou mais pessoas, extinguir-se-á a parte em relação a cada um dos que falecerem, salvo se, por estipulação expressa, o quinhão desses couber ao sobrevivente". Esta regra, conforme a doutrina, também incide nos usufrutos conjuntivos constituídos por testamento (art. 1.946 do Código Civil).

O usufruto, de outro lado, tem a característica de ser *temporário*. Podem as partes clausular o direito real limitado com termo de duração, por prazo determinado, quando ele findará. Além do mais, o usufruto a favor da pessoa física, como já foi observado, é vitalício. Não há hipótese possível de perpetuidade, mesmo porque o usufruto é intransmissível *inter vivos* ou *causa mortis*. Na hipótese do usufrutuário ser pessoa jurídica, o usufruto também é temporário: se extingue pela extinção da pessoa jurídica "ou, se ela perdurar, pelo decurso de trinta anos da data em que se começou a exercer" (art. 1.410, III).

4.5. Deveres do usufrutuário

Entre os diversos deveres assumidos pelo usufrutuário no usufruto, há um que se principaliza. É o que, obrigatoriamente, deve-se realizar quando findo o usufruto. O dever de restituibilidade ao proprietário da coisa usufruída, no estado em que a recebeu, considerando-se as deteriorações resultantes do uso regular pelas quais o usufrutuário não é responsável (art. 1.402). A irregularidade do uso, que sempre se preenche de condutas culposas, leva à responsabilidade pela prática do ato ilícito. Pontes de Miranda (*Opus cit.*, vol. XIX, p. 253) diz que o exercício irregular do usufruto significa "irregularidade com culpa". Esta irregularidade gera a obrigação de ressarcir o dano, ou o prejuízo, com base na teoria da responsabilidade subjetiva. Não é este o tema do presente item.

Os deveres, ou obrigações, que pretendemos examinar dizem respeito ao uso regular da coisa dada em usufruto, que, como *jus utendi*, deve ser normal, *civiliter modo*. A *fruição* é a percepção autorizada dos frutos que não violam a substância da coisa, porque nascem e renascem sem esgotabilidade do bem ou sua ameaça, ou, na exceção de florestas e minas, o que economicamente se determinou como frutos. Numa e noutra situação, é o que já se fez referência a título de *salva rerum substantia* e o dever do usufrutuário de conservar a coisa recebida em usufruto. No uso regular, unem-se o cumprimento do que foi contratado, a conservação da coisa recebida e a devolução com a inteireza convencionada. Desta obrigação principal, outros tantos deverem se originam e são fundamentais ao exercício do usufruto.

O dever fundamental do usufrutuário é o de velar pela conservação da coisa objeto do usufruto, a ele incumbindo, como conseqüência, "as despesas ordinárias de conservação dos bens no estado em que os recebeu" (art. 1.403, I). A doutrina busca explicitar o que significam despesas ordinárias. São aquelas que forem regulares, periódicas e previsíveis, desde que de custo módico. As imprevisíveis, por isso, sem periodicidade, são despesas extraordinárias, fora da responsabilidade do usufrutuário. Que são, outrossim, despesas de custo módico, ou *pequenas*? A definição de modicidade está expressa na própria lei. São aquelas iguais ou inferiores a dois terços do rendimento líquido de um ano. Basta fazer o cálculo.

As reparações extraordinárias, ao contrário, que se qualificam de incomuns e sem previsibilidade, são da incumbência do proprietário. Da mesma forma, as despesas que não sejam de custo módico. Cabe ao dono da coisa fazê-las. Porém, se o proprietário da coisa não as fizer, descumprindo sua incumbência, e se tratando de reparações indispensáveis à conservação do bem, o usufrutuário pode realizá-las, cobrando posteriormente do dono da coisa a importância gasta. O adimplemento do proprietário fazendo as reparações que lhe incumbem, conduz a uma obrigação do usufrutuário, pois este "lhe pagará os juros do capital despendido com as que forem necessárias à conservação, ou aumentarem o rendimento da coisa usufruída" (art. 1.404, § 1º).

A coisa usufruída, outrossim, pode já estar segurada antes mesmo da constituição do usufruto ou, após, em seguro realizado pelo usufrutuário. Nem um dos seguros é obrigatório. Mas, existente, o objetivo é de conservar, na hipótese de ocorrência do risco previsto com destruição, deterioração ou perecimento da coisa dada em usufruto, o valor da coisa. Segurar o bem usufruído, por isso, é forma complementar voluntária de velar por sua conservação. Este entendimento, por lógica, leva à conclusão de que os prêmios do seguro devem ser pagos, durante a vigência do usufruto, pelo usufrutuário. A lei civil brasileira sempre assim entendeu e continua normatizando (art. 1407).

Outra das obrigações expressamente impostas na lei é a referente ao pagamento de tributos devidos pela posse da coisa usufruída (art. 1.403, II). É o caso de, se tratando a coisa usufruída de veículo automotor, o pagamento do IPVA é do usufrutuário. Quem o usa, quem com ele transita, é o usufrutuário. O pagamento do imposto, por isso, deve ser por ele pago. Se se tratar, porém, de área de terra com edificação ou não, com destinação de agrariedade ou urbana, o imposto devido, seja o ITR seja o IPTU, deve ser pago pelo usufrutuário. Por fim, se a coisa usufruída provoca rendimento, sujeito à tributação, o imposto é de incumbência, identicamente, do usufrutuário.

4.6. Extinção do usufruto

Quando tivemos oportunidade de examinar, no subitem 4.4, as características do usufruto – intransmissibilidade *inter vivos*, intransmissibilidade *causa mortis* e temporariedade –, já examinamos a *morte do usufrutuário*, o *termo de sua duração*, a *extinção da pessoa jurídica usufruária* e os *trinta anos de usufruto da pessoa jurídica* (art. 1.410, I, II e III). Examinaremos, agora, a *consolidação* (art. 1.410, VI) e a *renúncia* (art. 1.410, I). A *consolidação*, antes mesmo de ser causa de extinção, é efeito de outra causa, que reune, numa só titularidade, o direito à usufruição e o à nua-propriedade. Na vigência do Código Civil de Bevilacqua, o exemplo que se formava era o da *renúncia* do usufruto, que não era elencada expressamente como causa de extinção. No atual Código, a indicação é explícita.

Enfrentemos mais uma das causas arroladas no artigo 1.410: *destruição da coisa* (art. 1.410, V). A destruição, que é causa da extinção do usufruto, é a que tem como conseqüência a perda da qualidade de frugífera e/ou da usabilidade da coisa. Desaparece, como efeito, a possibilidade de usufruição, sem a qual não há que se falar em usufruto. A matéria já foi examinada anteriormente sob outro aspecto. Se a coisa usufruída estava segurada, haveria substituição do objeto do usufruto, através da sub-rogação na indenização paga. O mesmo ocorre em caso de destruição provocada por ação culposa ou dolosa de outrem. Nesta hipótese, a indenização do ressarcimento substitui o bem que sofreu a destruição.

A *irregularidade do uso* do usufruto, que é descumprimento dos deveres contratuais, é outra causa que leva à extinção do usufruto. O exercício irregular, preenchido da culpa do usufrutuário, é ofensa às normas contratuais. Desta forma, se o usufrutuário aliena qualquer bem usufruído, o que lhe é vedado, ou os deixa que deteriorem ou arruínem sem os devidos reparos necessários à conservação, ou, no usufruto de títulos de crédito, recebendo os valores em dinheiro, não os aplica em outros títulos da mesma natureza ou da dívida pública federal com cláusula de atualização monetária, o que é de obrigação legal, o usufruto será extinto (art. 1.410, VII). A hipótese é de abuso do exercício ou de mau uso culposo.

O Código Civil de Bevilacqua tinha uma causa de extinção nominada de *prescrição* (art. 739, VI). A doutrina, examinando esta causa, divergiu seriamente conforme anotamos em livro que escrevemos a respeito (*Usufruto*, 2ª edição, Aide, 1986, p. 135/136). O Código Civil de 2002 buscou esclarecer as divergências, ao redigir: "pelo não uso, ou não fruição, da coisa em que o usufruto recai" (art. 1.410, VIII). A causa da extinção passou a ser eficazmente entendida. No conteúdo do usufruto, está o usar e o fruir. No momento em que o exercício cessa, desaparece a utilidade do usufruto. Resta, porém, uma indagação, que a jurisprudência deverá preencher. Qual o tempo do não-uso ou da não-fruição será necessário para a extinção? Ou a extinção, o que não acreditamos, cessará imediatamente?

Dois aspectos finais devem ser enfatizados. A causa de extinção prevista no item IV do artigo 1.410 – *pela cessação do motivo que se origina* – é inaplicável em qualquer dos usufrutos até agora examinados e, por isso, será estudada no próximo subitem, em que falaremos de usufrutos que existem fora do Direito das Coisas. Além do mais, as causas que enfrentamos *retro*, tratando-se de usufruto imobiliário registrado no Registro de Imóveis, deverá importar, para a efetiva extinção, no cancelamento na circunscrição imobiliária (art. 252 da Lei dos Registros Públicos).

4.7. Usufrutos especiais

O exame que até agora fizemos do usufruto se restringiu a examiná-lo se e enquanto direito real limitado previsto no artigo 1.225, IV, do Código Civil, limitando-se-o à área do Direito das Coisas. Todavia, usufruto existe em outras áreas do direito e que merecem ser lembrados, consideradas estas circunstâncias, no concernente à sua constituição e extinção. Existe usufruto no Direito Constitucional, conhecido como *usufruto indígena*. Há outro, embora na legislação civil ordinária, localizado, porém, no Direito de Família, denominado de *usufruto do poder familiar*. Completa o rol dos usufrutos especiais o denominado *usufruto judicial*, recolhido no direito processual civil e em vigência na área das execuções.

Foi a Constituição de 1967, em seu artigo 186, que, pela vez primeira, reconheceu o direito dos silvícolas "ao usufruto exclusivo dos recursos naturais e de todas as utilidades...existentes" nas terras por eles habitadas. A Emenda Constitucional nº 1/69 voltou a reconhecer o usufruto exclusivo. A Carta de 1988 falou em terras tradicionalmente ocupadas pelos índios, cabendo aos indígenas "o usufruto exclusivo das riquezas do solo, dos rios e dos lagos nela existentes" (art. 231). Afirmou mais que as terras sob usufruto exclusivo "são inalienáveis e indisponíveis e os direitos reais sobre elas imprescritíveis" (§ 4º). No que interessa, o *usufruto indígena* se constitui por força da lei constitucional e só se extinguirá se a Constituição dispuser diferentemente.

O *usufruto judicial* não é tema de direito substantivo; localiza-se no direito processual. Mantém duas diferenças substanciais quanto ao usufruto do Direito das Coisas. Não ingressa, em seu conteúdo, o *jus utendi*, que se mantém com o dono da coisa. De outro lado, não há propriamente *jus fruendi*, com o direito do não-proprietário se titularizar na percepção dos frutos, ilimitadamente. O exeqüente fica percebendo frutos com o objetivo de se cobrar de uma dívida em execução. É a regra que se extrai do artigo 717 do Código de Processo Civil. Com este entendimento, não há porque, em livro sobre direito civil, se examinar um instituto que não se coaduna com o usufruto do Direito das Coisas. A simples referência já é suficiente.

O *usufruto do poder familiar* é previsto no artigo 1.689, I, do Código Civil, ao se afirmar que, no exercício do poder familiar, o pai e a mãe são usufrutuários dos bens dos filhos. Este usufruto, que é legal, tem o mesmo conteúdo do usufruto do Direito das Coisas. Os pais, como usufrutuários, exercem a usufruição dos bens dos filhos menores, que são os nu-proprietários. Há, porém, três regras específicas a ressaltar: a) o usufruto do poder familiar se constitui por força da lei; b) mesmo havendo imóveis, não há necessidade de ser registrado no Registro de Imóveis (art. 167, 7, da Lei de Registros Públicos); c) a causa da extinção – *cessação do motivo de que se origina* (art. 1.410, IV) é aplicável a esta espécie de usufruto.

5. Uso

5.1. Observações gerais

O *uso*, como direito real limitado, é uma espécie de usufruto *apequenado*, feito não à maneira regulada no direito romano. A estrutura deste direito real no direito romano não chegou ao direito brasileiro. Os juristas romanos tinham exata percepção do que eram o *jus utendi* e o *jus fruendi* como utilidades independentes e, principalmente, como exercícios autônomos. No *jus utendi*, havia a utilização da coisa feita de modo regular para satisfação de uma necessidade pessoal. Outra coisa era o *jus fruendi*. Era o direito de, além de utilizar a coisa para determinado fim, perceber seus frutos. Esta compreensão fazia com que, separadamente, pudesse haver o direito de usar e, de modo autônomo, o direito de fruir, sendo que na composição do uso real romano, havia a utilização sem fruição.

No direito romano, a utilidade transferida no direito real de usufruto era o uso *mais* frutos. O titular do direito real limitado exercia, sem conflito entre as utilidades, o usar e o fruir, que compõem a usufruição. Se o objeto fosse uma área de terras para o plantio, a terra era usada para o cultivo e os frutos percebidos, tudo pelo usufrutuário. Ao contrário, na estrutura do uso real, o usuário se utilizava da terra para nela plantar, por exemplo, mas aos frutos não fazia jus. O uso se compunha da utilização *menos* a fruição. Daí a denominação limitativa de usuário. Usuário era quem usava, com regularidade e ilimitadamente, mas nada fruía. Era esta a orientação imprimida no direito romano.

No ordenamento jurídico brasileiro, o uso ingressou com seu conteúdo acima do uso do direito romano. É o direito de usar a coisa com regularidade e ilimitação e o de fruir a coisa, embora limitadamente. É, outrossim, um diminuto usufruto, porque a fruição se restringe. Neste sentido, o uso como direito real e se considerando o elemento fruição, tem mais conteúdo que o do direito romano e é mais restringente que o usufruto do artigo 1.225, IV, do Código Civil, em que a percepção dos frutos é ilimitada. O artigo 1.412 ao tratar do uso, é evidenciadamente claro. Ressalta suficientemente as utilidades que atuam e a dimensão de cada atuação no exercício do direito usuário, dispondo dos limites necessários. A compreensão do artigo 1.412, para a extensão do fruir no uso real, é de suma importância.

Dois são os dados que compõem o limite da fruição. As necessidades do próprio usuário, avaliáveis conforme sua condição social e o lugar onde ele vive, acrescidas das necessidades de sua família. A composição do grupo familiar obedece à orientação da lei que, quando editada, considerou as circunstâncias sociais do início do Século XX. O atual Código Civil, ao dispor sobre a família, repetiu a norma que já fora redigida por Bevilacqua, quando da edição do Código Civil de 1916. Trata-se de norma envelhecida, *bolorenta*, que restou do passado e se esqueceu dos progressos havidos desde então. Pensamos, por isso, que à compreensão de família da lei deve atuar o progresso normativo havido. As condições socioculturais do início do Século XX se alteraram, induvidosamente, em relação às do início do Século XXI.

Há um aspecto histórico a considerar. O Projeto do novo Código Civil foi aprovado pela Câmara dos Deputados em 1984. No Senado, a apreciação foi demorada face problemas políticos da época e o advento da Constituição de 1988, que provocou diversas alterações normativos notadamente em Direito de Família. As alterações em Direito de Família a partir de então foram diversas e o Senado as fez refletir no Projeto. Contudo, algumas modificações precisavam atuar no campo do Direito das Coisas e tal inocorreu. Daí, o conceito de grupo familiar para efeito do uso real não foi alterado, ficando completamente desatualizado. A doutrina e a jurisprudência devem, por isso, operar as modificações normativas devidas.

5.2. Compreensão de família

A fruição no uso real se mede pelas necessidades pessoais do usuário e de sua família, esta composta, no dizer da lei, por seu *cônjuge*, pelos *filhos solteiros* e pelas *pessoas de seu serviço doméstico*. Este rol seria taxativo, inadmitindo mais ninguém, ou permitiria, por interpretação, elencar alguns outros? É o que passaremos a examinar.

Quanto ao cônjuge em si, nenhuma dúvida. No entanto, a norma constitucional insculpida no artigo 226, § 3º, regra que "para efeito da proteção do Estado, é reconhecida a união estável entre o homem e a mulher como entidade familiar, devendo a lei facilitar sua conversão em casamento". O que se indaga é se o usuário não é casado e sim mantém união estável, tendo a seu lado, *companheira*, esta não se conta na família?

O artigo 1.723 do Código Civil de 2002 define o que é união estável: "É reconhecida como entidade familiar a união estável entre o homem e a mulher, configurada na convivência pública, contínua e duradoura e estabelecida com o objetivo de constituição da família". A matriz conceitual se localiza no artigo 226, § 3º, da Constituição de 1988, sendo seu elemento substancial ser união estabilizada *entre homem e mulher*. No ordenamento jurídico brasileiro é impensável a adequação de uniões homossexuais, mesmo porque não há o objetivo de constituir família. O ser união entre pessoas de sexos diferentes, união heterossexual, é elemento essencial para aceitação de união estável.

A união entre homem e mulher deve-se caracterizar como duradoura e contínua. Tudo que resultar de programas e maneiras de viver, em que o objetivo é simplesmente o encontro para satisfação do sexo, não é configurável como união estável. Mesmo que a união se desenvolva com continuidade e de modo duradouro não é aceitável a ocorrência de união estável, se ela se estabelecer entre homem e mulher impedidos de casar entre si, porque se trata de concubinato. O único impedimento que não obstaculiza a formação da união estável é ser pessoa casada, desde que se ache separada de fato ou judicialmente (art. 1.521, VI, e § 1º do 1.723).

Impossível, juridicamente, a realização de união estável, se a união, mesmo que duradoura e contínua, for entre (a) ascendente e descendente, seja o parentesco natural ou civil, (b) afins em linha reta, (c) o adotante com quem foi cônjuge do adotado e o adotado com quem o foi do adotante, (d) entre irmãos, unilaterais ou bilaterais, e demais colaterais, até o terceiro grau inclusive; (e) o adotado com o filho do adotante, (f) o cônjuge sobrevivente com o condenado por homicídio ou tentativa de homicídio contra o seu consorte, (g) pessoas casadas que não estejam separadas de fato ou judicialmente (art. 1.521). Não havendo, conforme se expôs, nenhum impedimento e, entre homem e mulher, ocorrerem relações não-eventuais em união duradoura e contínua com o objetivo de constituição de família, há a *companheira* que se equipara a cônjuge para os efeitos do § 2º do artigo 1.412.

Os filhos solteiros, por razões que a própria lei entendeu de julgar convenientes, compõem a família. Entre eles, os *filhos adotivos*, face ao artigo 227, § 6º, da CF: "Os filhos, havidos ou não da relação de casamento, ou por adoção, terão os mesmos direitos e qualificações, proibidas quaisquer designações discriminatórias relativas à filiação". O texto constitucional não admite qualquer diferenciação, que afaste o adotivo do elenco da lei. Entender como necessitado o filho vindo do casamento e não alcançar com o mesmo benefício o resultante da adoção, é violação direta e intensa da norma constitucional. Por fim, os *menores que estão sob a guarda* fazem parte da família para fins de se aquilatarem as necessidades para a fruição?

Em 1990, com fulcro no artigo 227 da CF, foi editado o Estatuto da Criança e Adolescente (Lei nº 8.069/90) que, em seu artigo 33, § 3º, regrou: "A guarda confere à criança ou adolescente a condição de dependente, para todos os fins e efeitos de direito, inclusive previdenciários". A dependência de que fala o artigo é, dentre outras, a econômica. É uma situação fática que retrata alguém, no caso o sob guarda, viver às custas de outrem, no exemplo, de um usuário. Ora, se o menor depende economicamente do usuário para suas necessidades de educação, de alimentos, de saúde, de vestimenta, etc., como negar que o sob guarda atua na formação das necessidades de fruição do usuário? Temos para nós que tal menor, por ser dependente, integra o grupo familiar do titular do uso real. Pelo menos, é ilógico que o filho maior integre e o menor dependente esteja impedido.

Maria Helena Diniz (*Curso de Direito Civil*, 4º Vol., *Direito das Coisas*, Saraiva, 1981, p. 291) apóia o critério da dependência econômica, nos comentários que fez ao Código Civil de 1916: "se o usuário tiver sob sua dependência econômica alguma outra pessoa, que não as arroladas..., desde que se prove juridicamente a necessidade, poder-se-á enquadrar tal circunstância nos artigos que regulam o uso, por não contrariar a natureza desse instituto". Do mesmo sentir Pontes de Miranda (*Opus cit.*, Vol. XIX, p. 342): "Se o usuário tem pessoas, estranhas às linhas parentais, que dele são dependentes, como o afilhado, ou a criança que está criando, ou o amigo que o acompanha durante enfermidades, ou passeios, tem-se como por ele usado o bem, ainda que, faticamente, do bem usem essas pessoas estranhas". O conceito de família, para o uso real, não se admite seja restringido.

5.3. Necessidades do usuário

As necessidades são, também, delimitadoras da quantidade de fruição percebível pelos usuários. Diz o artigo 1.412, § 1º, do Código Civil, que "avaliar-se-ão as necessidades pessoais do usuário conforme a sua condição pessoal e o lugar onde viver". Nem todos, como é óbvio, têm a mesma condição social. Conforme a classe a que pertencer, as exigências para atendimento de suas necessidades são maiores ou menores. O mesmo ocorre referentemente ao lugar onde viver. Esta compreensão é indicativa de que as necessidades que dimensionam a fruição são relativas e não absolutas, maiores para uns e menores para outros. A avaliação destes dois fatores é que ajuda a calcular a dimensão necessária dos frutos.

Estes dois elementos de aferição não são os únicos fatores. Eles são elencados com o caráter exemplificativo. Não têm a natureza de taxativos. A doutrina brasileira chama a atenção para isto. Nada impede que, para avaliação das necessidades pessoais do usuário, considerem-se sua profissão, seus hábitos, saúde, idade, etc. Um professor tem exigências para aquisição de livros que um operário não tem. Não se identificam as necessidades que um jovem possui com as que uma pessoa idosa apresenta. Na realidade, todo e qualquer dado que possa influenciar na avaliação a ser realizada deve ser objeto de exame, devidamente considerado. O importante é concluir com mais exatidão acerca das necessidades.

No direito comparado, muitas vezes é a própria lei que faz uma indicação mais ampla dos fatores de avaliação. No Código Civil argentino, as necessidades do usuário também se relativizam a diversas circunstâncias "que pueden aumentarlas o diminuirlas, como a sus hábitos, estado de salud, y lugar donde viva, sin que se le puede oponer que no es persona necesitada" (art. 2.954). Contudo, na mesma legislação argentina, não servem à avaliação das necessidades as concernentes à profissão que o usuário exerce ou ao comércio de que se ocupa (art. 2.955). De qualquer forma, na avaliação do *quantum* de fruição, não se chega, com absoluta certeza, a uma quantia fixa e certa. Não há regra aritmética indiscutível.

Logicamente, a avaliação das necessidades de fruição será realizada ao se iniciar o exercício do direito real de uso. Mas não se trata de um cálculo definitivo, que será obedecido durante todo o decurso do direito real. É de se atentar que as necessidades podem não se manter as mesmas durante o exercício do uso real. As condições que influenciaram a avaliação podem se alterar, para mais ou para menos, tornando instável a avaliação realizada. O usuário, que era solteiro, casando-se, ou que era casado, tornando-se viúvo, pode ver refletidas no aumento ou diminuição de frutos, as novas necessidades. Juridicamente, há uma relação jurídica continuativa sujeita a alterações, no que respeita ao *quantum* de frutos percebíveis.

Incorreta seria a solução que sustentasse a imutabilidade do *quantum* de frutos, porque o que excedesse às necessidades avaliadas poderia ser permutado com outras pessoas por outros gêneros de que necessitasse o usuário. Haveria, no caso, satisfação indireta das necessidades. Acentue-se, de logo, que as necessidades a serem obedecidas são as diretas, imediatamente vinculadas à fruição. M. I. Carvalho de Mendonça (*Do Usufruto, do Uso e da Habitação*, A. Coelho Branco Filho Editor, 1917, p. 262) argumenta: "se as necessidades do usuário constituem a única medida da extensão do direito de uso, a conclusão é que, se existe excesso no produto de uma coisa sobre tais necessidades, por exemplo, de um cereal, o usuário não pode trocar o excesso desse gênero por outro de que tenha necessidade".

5.4. Características

Conforme vem se ressaltando, o uso real é uma espécie de usufruto, só que de conteúdo diminuído. Não por outra razão, regra o artigo 1.413 que "são aplicáveis ao uso, no que não for contrário à sua natureza, as disposições relativas ao usufruto". Desta maneira, algumas características que informam o usufruto também condicionam o direito real de uso. Sem necessidade de um exame específico, visto que já realizado quando do estudo do usufruto, o conteúdo do uso real é intransmissível *inter vivos*. A única diferença é que a intransmissibilidade é não só como direito real mas, identicamente, como direito pessoal. Se a usufruição, no uso, se limita pelas necessidades do usuário, este não pode locar, arrendar ou dar em comodato a coisa objeto do uso. É o que ocorre.

Em outras palavras, há incedibilidade do exercício, seja a título oneroso, seja a título gratuito. Onerosamente, a cessão na forma de locação e de arrendamento passaria a significar para o usuário a percepção de frutos civis. Como já visto, é da natureza do direto real de uso a não-percepção de frutos, quaisquer que sejam, pelo usuário. O artigo 1.413 manda aplicar ao uso real as disposições relativas ao usufruto, *no que não for contrário à sua natureza*. Gratuitamente, seria aumentar a usabilidade da coisa além das necessidades pessoais do usuário e sua família. Da mesma forma, haveria ofensa à natureza do direito real de uso, conforme ele se estrutura.

Também atua no uso real a característica da intransmissibilidade *causa mortis*. A morte do usuário não causa a abertura da sucessão para conceder, em favor dos herdeiros do usuário, o direito de sucedê-lo no exercício do uso. A regra de que a morte do usuário necessariamente extingue o uso real é regra sem exceção. Mesmo na hipótese de ocorrência do *co-uso*, em que são titulares vários usuários, é impensável o *direito de acrescer*. Em termos de fruição, o direito do que resta continua o mesmo, sempre limitado por suas pessoais necessidades. A morte do usuário, sem dúvida, não se coaduna com a regra da herdabilidade do direito de usar.

Outra característica que se faz presente no uso real é a da temporariedade. O primeiro elemento a garantir a sua existência é a não-ocorrência de qualquer transmissibilidade por causa da morte do usuário; nesta hipótese, o direito real se extingue. No entanto, pode se argumentar que, sendo titular do direito de uso a pessoa jurídica, matéria a ser discutida no próximo item, o argumento não tem valia, porque pessoa jurídica não morre, e seu término ou falência são hipóteses possíveis e não necessárias. Quanto às pessoas jurídicas, o que garantiria sua existência *ad tempus*? O Código Civil, seguindo orientação do direito romano, impõe o término do direito de uso para tais pessoas "pelo decurso de trinta anos da data em que se começou a exercer" (art. 1.410, III, *in fine*).

5.5. Constituição e pessoa jurídica

Quanto à *constituição*, o uso real obedece às modalidades comuns do estabelecimento. Há o modo denominado de *convencional*, o negócio jurídico *inter vivos*, em que através de contrato o uso real é realizado. A título oneroso ou gratuito, as partes contratantes se manifestam e compõem o acordo de vontades. Constitui-se também o direito real de uso, por ato *causa mortis*, na área do Direito das Sucessões, o que a doutrina admite por ser tecnicamente possível. Outra forma de constituição do uso real é sua aquisição através da *usucapião*. Esta orientação já tivemos oportunidade de sustentar por diversas vezes, admitindo a existência de posse com intenção limitada e específica de usuário. O fato de ser incomum a usucapião do uso, como de resto é incomum qualquer espécie de uso, não serve para negar sua possibilidade.

O que não se admite é a modalidade de *sub-rogação*, por não estar de acordo com a natureza do uso. Inadmite-se o uso que tenha por objeto coisa consumível, não sendo juridicamente aceitável a existência do *quase-uso*. Como na sub-rogação o objeto do desfrute sempre é substituído pelo dinheiro, o quase-uso não tem possibilidade jurídica. Via de conseqüência, não há que se falar em constituição de uso através de *sub-rogação*.

Baseado no artigo 1.413 do Código Civil, poderia se concluir que, assim como o usufruto, a titularidade do uso aceitaria as pessoas jurídicas? Compatibilizar-se-ia com a natureza do direito real de uso ser usuária a pessoa jurídica? No exame que se fez até agora, fala-se em necessidades do usuário e *sua família* (art. 1.412), afirmando-se, no § 2º, o que se compreende como grupo familiar. Ora, se a família está integrada no instituto de uso real, a família não seria de sua natureza jurídica? Na hipótese de ser afirmativa a resposta, o argumento se apoiaria na seguinte idéia. Como pessoa jurídica não tem família, nem há possibilidade jurídica de tê-la, a legitimidade para o uso real não existe.

O problema não se resolve com esta simplicidade argumentativa. A família, no direito real de uso, é elemento *substancial*, dado essencial, integrado necessariamente em sua natureza jurídica, ou é um fator simplesmente *acidental* que, se faltar, nenhum prejuízo traz ao instituto? A única razão da inclusão da família no uso real não foi para, como dado essencial, compor o direito real limitado. Foi, constatando a realidade fática, ter a compreensão que, havendo família, as necessidades aumentam para se avaliar a quantificação dos frutos. Só para isto serve a família no uso real. É um dado acidental que, existente, serve ao cálculo para percepção dos frutos e, inexistente, só o que vai interessar são as necessidades do usuário. A família, por isso, não se integra na natureza do instituto.

O argumento apresentado acima é suficiente para garantir a possibilidade de existência de uso real em favor da pessoa jurídica. Como última observação, pondera-se que ninguém, em momento algum, sustentou que uma pessoa física, solteira, sem filhos e sem empregados domésticos, não esteja legitimada para ser usuária em direito real de uso. Isto é o que basta para afastar a família como requisito essencial à configuração do uso real. Trata-se e se reafirma a qualificação de que, no instituto de que estamos tratando, o elemento família é um dado *acidental*. Há, sem dúvida, direito real de uso em que inexiste família. As necessidades de fruição, neste caso, tendem a diminuir.

5.6. Indivisibilidade do uso

O ordenamento jurídico brasileiro sempre admitiu a existência de co-uso, situação em que há número plural de titulares do direito de uso. Se e enquanto o título constitutivo prever o uso real de pessoas diferentes e ao mesmo tempo, cada um deles se vinculando à parte *divisa*, parte certa e fixa de determinada coisa, de um terreno por exemplo, não há questão no que diga respeito à indivisibilidade do uso, pois cada usuário tem o uso *inteiro* sobre sua parte divisa correspondente e há aceitação evidente de sua indivisibilidade. No entanto, se o co-uso corresponde a vários usuários que são titulares, pelo mesmo ato constitutivo e ao mesmo tempo, do uso *inteiro* da coisa, sempre haverá a indagação. Pode se dividir a coisa em partes para o exercício de todos?

A doutrina não tem orientação pacífica. Lafayette (*Opus cit.*, Vol. I, p. 365), Orlando Gomes (*Opus cit.*, p. 312) e M. I. Carvalho de Mendonça (*Opus cit.*, p. 259) afirmam a indivisibilidade do uso. Todos os usuários têm direito de usar a coisa por inteiro. Pontes de Miranda (*Opus cit.*, Vol. XIX, p. 333) sustenta, contrariamente, a divisibilidade do uso. E argumenta que a solução da divisibilidade se encontraria com a regulação do exercício do uso: "A máquina (que seria objeto do uso) pode trabalhar seis horas por dia. Permite-se o uso a A, por duas horas, a B, por outras duas, e a C, por outras duas. Ou a A por duas horas, e a B e C, conjuntamente, por quatro horas" (*Opus cit.*, Vol. XIX, p. 335).

A solução dada por Pontes de Miranda, na verdade, prova a indivisibilidade do uso. O que teria sido convencionado como uso da coisa passa, com a regulação do exercício, a ser uso da coisa *inteira*, embora em menor espaço de tempo. Esta transformação do co-uso simplesmente se apresenta porque o uso é indivisível. Todos têm direito ao uso da coisa inteira e, face à impossibilidade fática de tal ocorrer, dá a solução da regulação do exercício, embora desistindo-se do uso de todos ao mesmo tempo. Sustentamos, por isso, que a doutrina que melhor traduz o exercício é aquela que afirma a indivisibilidade do uso. E a solução que se dá pelo fato da indivisibilidade é a da regulação do exercício.

Não se está afirmando que a regulação do exercício sempre deverá ocorrer. Esta é para casos em que os usuários entrem em conflito no exercício do uso da coisa inteira, ao mesmo momento. Se nenhum conflito ou discórdia advier, o co-uso é exercido com a indivisibilidade. Assim foi ajustado e assim será exercido. A regulação do exercício é uma solução para as desavenças. E nela sempre haverá o exercício por todos da coisa inteira dada em uso, embora se evite o *ao mesmo tempo*. Esta solução é a adotada também na composse da coisa indivisa para evitar discórdias, conforme aventamos em outro local (*Posse e Propriedade*, 3ª ed., Livraria do Advogado, 2003, p. 54/55).

5.7. Princípio da extensibilidade

Por força da regra do artigo 1.416, aplica-se ao uso real o princípio da extensibilidade. Em outras palavras, o direito real de uso "estende-se ao acessórios da coisa e seus acrescidos" (art. 1.392). Não se trata de uma norma inserta em todas as hipóteses de direito real de uso. As normas jurídicas, como se sabe, podem ser cogentes ou dispositivas. Cogentes são aquelas que têm aplicação caso as partes silenciem a respeito ou mesmo que disponham diferentemente. Prevalecem no silêncio e na manifestação expressa em contrário. São fortemente imperativas. Dispositivas são aquelas que só se aplicam se omitindo as partes de clausular a respeito. Como o artigo 1.392 diz *salvo disposição em contrário*, trata-se de norma dispositiva. Em outros termos, nada dispondo as partes o princípio de extensibilidade é aplicável. Havendo expressa manifestação das partes, prepondera a cláusula contratual.

A matéria já foi suficientemente examinada quando do estudo do direito real de usufruto, no subitem 4.1. Lá se fez a distinção entre acessórios partes integrantes e acessórios pertenças. Não há necessidade, a esta altura, de repetir conceitos e interpretações. Remetemos, por isso, o leitor para aquelas anotações.

5.8. O *salva rerum substantia*

O usuário, ao receber o bem objeto do uso real, assume a responsabilidade de, findo o direito real, devolver o bem recebido no estado em que o recebeu, obrigando-se, por isso, a velar por sua conservação. Esta primeira observação deve ser entendida com razoabilidade, porque o desgaste provocado exclusivamente pela natureza foge à responsabilidade do usuário. O entendimento, inclusive, vai mais longe. Diversas deteriorações pode apresentar o objeto do uso real, confrontando-se o estado em que ele foi entregue e o estado em que ele se apresenta quando da devolução, no fim do direito real. O Código Civil fez uma divisão para efeito da responsabilidade ressarcitória do usuário: "O usufrutuário (o usuário) não é obrigado a pagar as deteriorações resultantes do exercício regular do direito" (art. 1.408).

Esta é a primeira conclusão que se extrai do princípio do *salva rerum substantia*. Traduzindo, literalmente, ressalvada a substância das coisas. O que se tem por substância das coisas? É, tratando-se de móvel ou imóvel, sua configuração físico-estética impulsionada por sua destinação econômica e vocação na área do consumo. Cabe ao usuário cuidar de sua conservação, velando por sua segurança material. Como é consabido, a passagem do tempo, por si só, pode esgotar a substância da coisa, danificando-a. Se tal resultou, inobstante a ação, ou conduta, regular do usuário, não há por parte deste responsabilidade a perquirir. Assim, o *salva rerum substantia* só alcança o exercício irregular do uso.

O exercício *irregular* pelo usuário se dá quando ofensivo à destinação econômica da coisa dada em uso, quando desconforme à extensão do conteúdo contratual ou quando incompatível com as normas atinentes ao direito real de uso. O que se observa é que a irregularidade da conduta se desenvolve movimentada pela culpa do usuário. Pontes de Miranda (*Opus cit.*, Vol. XIX, p. 253) enfatiza que o exercício irregular significa "irregularidade com culpa". Neste ponto se unem duas responsabilidades. Aquela que termina por desvendar a irregularidade da conduta e outra que pode significar ação ou omissão que, por ser baseada na culpa, faz nascer a responsabilidade prevista no artigo 186 do Código Civil.

Durante o exercício do uso e no ato de restituição, findo o direito real, nem tudo vai se resumir no ressarcimento, ou não, das deteriorações com base na irregularidade/regularidade da conduta do usuário. Há despesas que incumbem ao usuário e outras que cabem ao nu-proprietário. A lei civil as classifica em despesas *ordinárias* e *extraordinárias*, as primeiras de responsabilidade do usuário, e as outras, do nu-proprietário. A doutrina tem critérios para diferençá-las. São ordinárias, em princípio, aquelas despesas que forem regulares, periódicas e previsíveis. A irregularidade, a imprevisibilidade e sua eventualidade conferem às despesas a natureza de extraordinárias. Este é um inicial critério.

Há outro critério complementar. As despesas consideradas ordinárias só responsabilizarão o usuário, *se forem módicas*. A lei não deixa margem para qualquer dúvida. Com efeito, no artigo 1.404 se diz que "incumbem ao dono as reparações extraordinárias e *as que não forem de custo módico*" (*os grifos são nossos*). Novamente, a lei civil socorre o intérprete oferecendo um conceito de fácil entendimento: "Não se consideram módicas as despesas superiores a dois terços do líquido rendimento em um ano" (§ 1º do art. 1.404). Se durante o exercício do uso real as partes não se quitaram, ao findar o uso devem entrar em acerto de contas.

5.9. Extinção do direito real

No estudo das causas extintivas do direito real de uso, observa-se que nenhum dispositivo legal, especificamente direcionado ao uso, enfrenta a matéria. Há a aplicação *no que couber* das causas arroladas no artigo 1.410, correspondentes ao usufruto. Ademais, é de se anotar, para incidência mais adiante, que não há, no direito brasileiro, porque foge à sua natureza, o *quase-uso*, aquele em que o objeto é bem consumível. Acentua-se, por fim, que a causa constante do inciso IV do referido artigo 1.410 – *cessação do motivo de que se origina* – é inaplicável no uso real. O argumento de Pontes de Miranda (*Opus cit.*, Vol. XIX, p. 264) é forte: "a expressão *causa* está, aí, em sentido de fonte, e não de causa de sentido jurídico". Ela só alcança as fontes não-negociais.

A *morte do usuário* é uma das causas de extinção. Uma das características do uso real, como já visto, é a sua intransmissibilidade *causa mortis*. O direito de uso real, que ingressa na esfera jurídica do usuário temporariamente, não é transmissível hereditariamente pela morte de seu titular. Mesmo se tratando de usuário pessoa jurídica, em que não há possibilidade de morte, a sua extinção provoca o fim do direito real "ou, se ela perdurar, pelo decurso de trinta anos da data em que se começou a exercer" (art. 1.410, III). Além da morte do usuário pessoa física, da extinção da pessoa jurídica e aos trinta anos de exercício, também é causa da extinção do direito real o *termo de sua duração*.

A *renúncia* do usuário também é causa da extinção do uso real. A renúncia equivale à desistência, à intenção abdicativa. Acentua-se que o ato de renunciar é ato unilateral, visto que independe da anuência, ou concordância, do dono da coisa dada em uso. O artigo 108 do Código Civil exige forma especial, no caso escritura pública, para renúncia de direitos reais sobre imóveis, respeitada a taxa legal. E, nesta mesma hipótese, por se tratar de direito real imobiliário, a renúncia deve ser registrada, cancelando-se o registro que ao direito de uso lhe deu eficácia real e validade *erga omnes*. A renúncia de direito real mobiliário não exige qualquer solenidade.

Outra causa de extinção é a *destruição da coisa* sobre a qual recai o uso real. É, numa inicial observação, perecimento físico e total. O direito real de uso resta sem objeto. Ao perecimento total se equiparam a *perda* da coisa (uma máquina que cai no fundo do mar ou fica em lugar inacessível) ou, mesmo sendo desfazimento material *parcial*, torna a coisa *estéril*, resultando, como conseqüência, a perda da qualidade de frugífera e de usabilidade. Caio Mário da Silva Pereira (*Opus cit.*, Vol. IV, p. 51) diz que "a perda parcial implica na extinção, se lhe seguir a esterilidade da coisa, deixando de ser frugífera" e sem capacidade de ser usável.

As ressalvas postas no inciso V do artigo 1.410 se referem exclusivamente a usufruto, visto que havendo indenização face desapropriação da coisa, do pagamento de seguro pelo risco segurado ocorrido ou de responsabilidade civil por dano provocado por terceiro, sobre o dinheiro pago haverá sub-rogação dos direitos do usufrutuário. Na hipótese de uso real, tal é impossível juridicamente. O dinheiro correspondente à indenização, como se sabe, é bem consumível. Como não há, e isto foi ressaltado no início deste subitem, *uso impróprio* ou *quase-uso*, não há que se falar em sub-rogação. Como conseqüência, mesmo nos casos dos artigos 1.407, 1408, *2ª parte*, e 1.409, a extinção do uso real ocorre de direito.

A *consolidação* também provoca a extinção do direito real. Esta consolidação é efeito de outra causa, que reúne num só titular, o direito de uso e a propriedade da coisa. Washington de Barros Monteiro (*Curso de Direito Civil, Direito das Coisas*, 6ª edição, Saraiva, 1966, p. 311 e 312) diz que consolidação "é empregada pelo legislador como equivalendo a confusão, ou reunião, na mesma pessoa, das duas qualidades, usufrutuário (usuário) e nu-proprietário". O argumento jurídico é simples. Todo e qualquer direito real limitado é sobre *coisa alheia*. Não há direito real limitado sobre coisa própria.

Também há a extinção do direito real de uso havendo *culpa do usuário*, ao exercer conduta irregular. O fato de alienar, deteriorar ou deixar arruinar os bens, sem tomar as providências devidas para os reparos da conservação, a conseqüência ditada na lei é a extinção do uso. É causa que sempre vai depender do processo judicial exigente de sentença de procedência, após se dar ao usuário ampla defesa e o direito ao contraditório. O *não ocorrer o uso*, o *jus utendi*, como causa da extinção, já foi suficientemente examinado quando do estudo do usufruto, no subitem 4.6. Não há necessidade de repetir o que já foi dito.

6. Direito real de habitação

6.1. Compreensão inicial

O direito real de habitação é uma espécie de uso caracterizado pela finalidade e um usufruto minúsculo, porque não se compatibiliza com perceber frutos. M. I. Carvalho de Mendonça (*Opus cit.*, p. 267) acentua: "se o gozo é completo, tem-se o *usufruto*; se é parcial, aparece o *uso*; se o gozo parcial recai só sobre uma casa, tem-se a *habitação*". O primeiro aspecto a ressaltar na caracterização do direito real de habitação é que se concede ao habitador o uso de uma casa alheia, que é a sua finalidade, inexistindo o direito a qualquer fruição. Entenda-se, porém, que não ingressam na fruição o que se tem por *frutos-habitação*, na compreensão de simples utilização do prédio.

Por exemplo, se, no quintal da casa, há plantação caseira de tomates e legumes, sem finalidade específica de serem colhidos para a percepção do habitador e sua família, são frutos-habitação perfeitamente possíveis no direito real de que se trata, porque se destinam exclusivamente ao consumo do habitador. Pontes de Miranda (*Opus cit.*, Vol. XIX, p. 389) sustenta objetiva lição: "Não se pode dizer que o habitador não faça seu, habitando a casa, o fruto no conceito de utilização da casa. Os exemplos mais expressivos são os dos frutos das árvores plantadas no pátio interno, ou nos corredores, ou em torno da moradia, no que ela se separa do sítio desfrutável pelo nu-proprietário. O limite conceitual da *habitatio* é que importa".

O *habitar* tem o significado de dar ao imóvel a destinação de moradia, o que obstaculiza se usá-lo, exclusiva ou preponderantemente, para outros interesses, como abrir um estabelecimento industrial ou comercial. O que é impedido é a transmutação do fim do *jus in re aliena*, que é o residencial, para outro não-residencial. Todavia, o uso da residência também para outra atividade profissional do habitador, socialmente incluído no uso residencial, não está impedido. Pode o habitador assim, colateralmente à moradia, ter um *atelier* de costura, um local de conserto de televisores, etc. O essencial é que esta atividade acessória não impeça o fim residencial e que este seja preponderante relativamente àquela.

A habitação concedida ao habitador se realiza *gratuitamente*, sem qualquer aluguel ou ônus contraprestacional. Neste sentido, é ato de liberalidade. Condiciona-se, no entanto, ao uso simplesmente do habitador com sua família. Um aspecto, entretanto, no direito real de habitação, deve ficar claro. Mesmo se tratando de uso específico, não há que se pesquisar das necessidades do habitador e sua família para se encontrar a extensão da usabilidade da casa ou da quantidade dos frutos-habitação. As necessidades, que servem à avaliação no uso real, relacionam-se à fruição, para limitá-la. Na habitação não há que se falar em percepção de frutos. Por isso, o uso se mede pelo título constitutivo; não por necessidades.

O artigo 1.414 do Código Civil fala em ocupação pelo habitador *com sua família* não para que o grupo familiar sirva de dado mensurável das necessidades; sim, exclusivamente, para estender à família os benefícios da habitação gratuita. M. I. Carvalho de Mendonça (*Opus cit.*, p. 270) sustenta ser nula e ineficaz cláusula do contrato e não escrita no testamento a que limite o direito de habitação para alguns da família, excluindo outros. Fundamenta-se no fato da ilicitude da cláusula, porque seria forma de impor a separação da família, quando constitucionalmente a família merece a proteção do Estado. A compreensão de família, outrossim, já foi examinada no direito real de uso e não há necessidade de repetição.

Há uma indagação que se forma no presente momento, no que diz respeito à possibilidade do direito real de habitação se titularizar numa pessoa jurídica. Em 1986, quando escrevemos nosso *Usufruto* (*Opus cit.*, p. 207), pesquisamos a doutrina brasileira quanto a este aspecto. Respondemos, naquela oportunidade, afirmativamente, sofrendo forte influência do magistério de Pontes de Miranda. Este dizia desta possibilidade e, enfaticamente, argumentava que "pessoas jurídicas também habitam". Hoje, passados quase vinte anos, estamos convencidos do contrário. *Habitar* pressupõe ato de moradia, ou residência. Quem não mora ou reside não faz uso de uma habitação. Contrapõe-se, respeitosamente, à argumentação de Pontes de Miranda, outra: a pessoa jurídica não habita.

Ora, torna-se impossível seja habitador quem não habita. O direito real de habitação só pode ser titularizado pela pessoa física. Inconfundíveis a pessoa jurídica e as pessoas físicas que a compõem, não pode haver formação do direito real de que se trata beneficiando pessoa jurídica. É altamente contraditório não se admitir pessoa física como habitador usando a casa para estabelecimento comercial ou industrial e se admitir tais usos em se tratando de pessoa jurídica. O direito não consoa com contradições; exige a compatibilização de seus atos e efeitos. Esta é a orientação que estamos assumindo a partir de agora, principalmente em nosso ordenamento jurídico em que tal instituto jurídico não se cria por convenção bilateral, porque, no mundo jurídico, o direito real de habitação não é aplicado.

Indaga-se, também, quanto à possibilidade de o habitador receber hóspedes, sem qualquer vínculo familiar, para morar na casa objeto da habitação real. O exame deve ser feito em partes. A concessão de moradia a hóspede não pode compreender o pagamento de aluguel. A razão é simples. Está na próprio conceito da habitação como direito real. O habitador não faz jus à fruição, porque não há a seu favor direito à percepção de frutos. O aluguel é fruto civil. A possibilidade de hóspede que pague aluguel é contraditória à natureza jurídica do direito real de habitação. Além do mais, o artigo 1.414 do Código Civil regra que o habitador, relativamente à casa, "não a pode alugar". Admitir-se-ia, por isso, o hóspede que morasse gratuitamente? Afastada a onerosidade da hospedagem, ela não seria possível?

O artigo 1.414 do Código Civil parece impedir, ao proibir o habitador de dar a casa em empréstimo, mais tecnicamente em comodato. Neste, o empréstimo é gratuito (art. 579 do Código Civil). Difícil se conciliar a proibição de emprestar com a de receber hóspedes. De outro lado, porém, há o sentimento de colaboração do brasileiro, o reconhecido sentimento de hospitalidade que ele tem. Diante de uma emergência, estaria impedida a hospedagem? Como conseqüência, as interpretações doutrinárias entram em conflito. J. M. de Carvalho Santos (*Opus cit.*, Vol. IX, p. 484) inadmite a hospedagem, enquanto Orlando Gomes (*Opus cit.*, p. 315) e Pontes de Miranda (*Opus cit.*, Vol. XIX, p. 394) a admitem.

A legislação pátria permite a co-habitação, aquela em que, no mesmo ato constitutivo, são habitadoras duas ou mais pessoas físicas. Concede-se o uso da casa a mais de uma pessoa. O uso da casa, só por isso, não se divide. Todas têm direito ao uso da amplitude do prédio, uma respeitando a outra ou as outras. O artigo 1.415 do Código Civil, prevendo a co-habitação, indica uma regra de excepcional sentido prático, impedindo controvérsias: "qualquer delas que sozinha habite a casa não terá de pagar aluguel à outra, ou às outras, mas não as pode inibir de exercerem, querendo, o direito, que também lhes compete, de habitá-la".

6.2. Constituição

Há uma realidade jurídica, que se enfatiza. O direito real de habitação, que depende da vontade das partes, não se aplica no Brasil. É um instituto jurídico, que já existia no Código Civil de Bevilacqua e que o povo brasileiro não o adotou. Afora o que se conhece como habitação legal, de criação *ope legis*, as outras formas de constituição, embora existam, são *avis rara* no ordenamento jurídico brasileiro. Mesmo assim, é importante que as diversas formas de constituição, que estão ao dispor do povo, sejam examinadas. Pode-se constituir o direito real de habitação de quatro formas possíveis: contrato, testamento, fato jurídico relevante (usucapião) ou *ope legis*. Examinaremos, em seguimento, hipótese por hipótese, dando maior relevância ao *ope legis*, por compreensíveis razões.

A constituição na modalidade de *contrato* se realiza através de negócio jurídico, na regra geral utilizando-se de escritura pública. Esta é a exigência da lei, quanto à forma especial, com uma única exceção, considerando que o objeto do direito real de habitação é um imóvel (art. 108 do Código Civil), com a ressalva de instrumento particular para os imóveis de valor igual ou inferior a trinta vezes o maior salário mínimo federal vigente no País. É a taxa legal. O título constitutivo de direito real, obediente a todos os requisitos legais, firma o compromisso entre os dois contratantes, possuindo validade de relação *pessoal*. Contudo, o só contrato ainda não tem a força de direito real, alcançando todos da coletividade, adquirindo a natureza *erga omnes*, a eficácia de direito *real*. Falta, ainda, alguma coisa.

O mero acordo de vontades formalizado em contrato, como já se viu, não constitui, como ato *inter vivos* que é, o direito real. A estruturação deste exige a oponibilidade contra todos. Em outros termos, ao contrato se deve acrescer o fator de constitutividade, por exigência do artigo 1.227 do Código Civil. Em conseqüência, deve haver o registro no cartório de Registro de Imóveis do título constitutivo. Tal registro tem o efeito de dar publicidade de seu conteúdo a todos da coletividade. Mas é um efeito secundário. O principal e relevante é que o registro confere à contratação a natureza de direito real, daí nascendo a seqüela, ou inerência, que identifica a *realidade*. No preciso momento do registro, a relação pessoal transmuda-se em relação de natureza real e já se tem o direito real de habitação.

Outra forma de constituição é o *testamento*. Qualquer que ele seja, ordinário – público, cerrado ou particular – ou especial – marítimo, aeronáutico ou militar –, é suscetível de ser usado relativamente à constituição de habitação real. A única forma de manifestação de última vontade que não pode servir à constituição deste direito real limitado, é a do codicilo (art. 1.881). A disposição codicilar tem conteúdo restrito e não alcança legados de imóveis ou de direitos reais imobiliários. Assim, o testador, como ato de última vontade, pode constituir o direito real de habitação. Mas, assim como na modalidade contratual, esta modalidade constitutiva de habitação não é utilizada no ordenamento jurídico nacional. A habitação não entrou no gosto jurídico nacional e as partes, voluntariamente, dela não se servem.

Esta aquisição por força do direito hereditário depende do registro na circunscrição imobiliária competente, para haver a eficácia de direito real? O Código Civil de Bevilacqua tinha regra expressa a respeito, a partir da afirmação de que se adquiria o direito real de propriedade pelo direito hereditário (art. 530, IV). O Código Civil de 2002, na aparência, parece ter-se omitido. Mas é só impressão. O artigo 1.227, que trata do registro como fator de constitutividade, é somente para atos *inter vivos*. Os atos *causa mortis* têm, por si só, eficácia constitutiva de direito real. Daí, haverá a constituição do direito real com a abertura da sucessão, independentemente de qualquer registro imobiliário.

A constituição do direito real de habitação na modalidade de fato jurídico relevante, que é a *usucapião*, também é possível. Alguém tendo posse *ad usucapionem* obedece ao princípio da correspondência que, conforme anotamos em outro local ("Atual Estrutura da Usucapião", *in O Novo Código Civil Comentado por Artigos*, VoxLegem, 2003, p. 185), é "a aquisição do direito real ... adequado ao conteúdo, extensão, intensidade e espécie de *animus* que informa a posse exercida e prolongada" e esta posse é sem oposição. Passado o número de anos previsto em lei, a posse qualificada se transforma no direito real de que se trata. Embora se qualifique como incomum esta modalidade de constituição, ela é possível.

Como se vem sustentando em vários momentos deste livro, a aquisição, por usucapião, de qualquer direito independe de ingresso judicial da ação, de sentença correspondente ou do registro na circunscrição imobiliária. O entendimento tranqüilo é que a sentença é declaratória, afirmativa do fato que já ocorreu anteriormente. A constituição de qualquer direito através de usucapião se dá pelo simples implemento de todos os requisitos previstos em lei. Relevância tem aqui antiga *Súmula* do STF, verbete nº 237, com o seguinte texto: "A usucapião pode ser alegada em defesa", súmula esta por vezes retratada normativamente, como ocorre com o artigo 13 do Estatuto da Cidade (Lei nº 10.257/01).

Por fim, há a constituição da habitação por *força da lei*. A habitação legal favorece o cônjuge que se torne viúvo, sem importar o regime de bens e sem prejuízo de sua participação na herança, concedendo-lhe direito real de habitação quanto ao imóvel destinado à residência da família, "desde que seja o único daquela natureza a inventariar" (art. 1.831). O Estatuto da Mulher Casada (Lei nº 4.124/1962) já fizera ingressar semelhante direito no artigo 1.611, § 2º, do Código Civil anterior, desde que o regime fosse de comunhão universal. Tanto antes como agora, o direito real de habitação *ope legis* independe de registro em circunscrição imobiliária. Já nasce direito real na abertura da sucessão. O direito de que se trata, embora tenha nascido no Estatuto da Mulher Casada, beneficia o cônjuge, isto é, tanto o marido como a esposa.

A habitação tinha uma causa específica, no Código Civil anterior, que extinguia o direito. Dizia o § 2º do artigo 1.611 que a habitação legal se mantinha enquanto o cônjuge supérstite "permanecer viúvo". Casar-se novamente o cônjuge sobrevivente era visto como uma infração ao casamento, que já se findara pela morte do outro. O que sobrevivera deveria se manter viúvo, como sinal de respeito ao que morrera. Casando, o que recebera na sucessão se extinguiria. A fundamentação era altamente falsa, porque o novo casamento não significava desrespeito e era direito subjetivo do viúvo. O redator do atual Código Civil se harmonizou com a realidade e simplesmente excluiu a cláusula da viuvez mantida.

6.3. União estável e habitação

A Lei nº 9.278/1996, em seu artigo 7º, parágrafo único, regrou que "dissolvida a união estável por morte de um dos coniventes, o sobrevivente terá direito real de habitação, enquanto viver ou não constituir nova união estável ou casamento, relativamente ao imóvel destinado à residência da família". Assegurou-se à companheira, ou companheiro, o direito à habitação real, como direito sucessório. Nenhuma dúvida há a este respeito. Com o advento do novo Código Civil este direito se manteve porque, na regulação da união estável, houve silêncio acerca deste direito? Basta ler os artigos 1.723 a 1.727 da lei civil de 2002 para se garantir que o legislador silenciou.

Os artigos 1º, 2º e 8º da Lei nº 9.278 foram tratados por inteiro pelos artigos 1.723 e seus §§, 1.724, 1.726 e 1.727 do Código Civil. O artigo 7º, parágrafo único, da Lei de 1996 foi alterado, em sua totalidade, pelo artigo 1.790 do novo Código Civil, nada se provendo acerca do direito real de habitação. Este direito foi substituído por garantias mais fortes. Os artigos 3º, 4º e 6º da Lei nº 9.278 já tinham sido vetados. O artigo 5º desta última lei se tornou desnecessário, face ao artigo 1.725 do Código Civil. O *caput* do artigo 7º da Lei, que assegurava alimentos à companheira/o, passou a ser disciplinado pelo artigo 1.694 da Lei civil. Finalmente, o artigo 9º, matéria processual, tem soluções no artigo 155 do CPC. Como se vê, todos os artigos perderam a eficácia normativa.

Este confronto conduz a uma certeza. O Código Civil, substituindo os artigos referidos acima, excluiu sua eficácia a partir da entrada em vigor do novo diploma civil, não restando qualquer transeficácia temporal para continuar sendo aplicada. A Lei nº 9.278/1996, afora sua importância histórica para a união sem casamento entre homem e mulher, foi normativamente retirada do ordenamento jurídico brasileiro. Não importa que não o tenha sido expressamente. No direito brasileiro, existe a forma de revogação tácita, ou implícita. Deste modo, previsão expressa para fazer jus a companheira/o a direito real de habitação, inexiste.

Há um aspecto histórico importante. O § 3º do artigo 226 da Constituição Federal, ao dizer que "para efeito da proteção do Estado, é reconhecida a união estável entre o homem e a mulher como entidade familiar, devendo a lei facilitar sua conversão em casamento", não diz nem permite que se conclua que a proteção estatal signifique tratar casamento e união estável em situações de igualdade. O Estado deve proteger a união estável, não podendo, como ocorria anteriormente, desconhecer sua existência. Mas também não pode simplesmente estender, com base em analogia, todo direito que os casados têm para os que vivem em união estável. A medida do alcance para tutelar e as circunstâncias consideradas para a proteção, sempre dependerão do legislador e do que ele entender como justo.

Sempre foi assim. No Código Civil de Bevilacqua, além de o cônjuge sobrevivente suceder o falecido, que não tenha deixado descendentes nem ascendentes, o cônjuge viúvo, se o regime não era o de comunhão universal, faria jus a *usufruto* da quarta parte dos bens do falecido (art. 1 611, § 1°) ou, se o regime fosse de comunhão universal, tinha *direito real de habitação*, com referência a imóvel destinado à residência da família, desde que fosse o único bem desta natureza a ser inventariado. Durante a vigência do Código Civil anterior e a partir de 1994, relativamente ao convivente supérstite este faria jus à herança total se não houvesse descendentes nem ascendentes do convivente falido. Se houvesse só descendentes ou só ascendentes, teria direito a *usufruto* em percentual diferenciado (Lei n° 8.971/1994). A herdabilidade, como se vê, era diferenciada do direito dos casados.

A Lei n° 9.278/1996, no parágrafo único do artigo 7°, dispôs que, *em qualquer hipótese*, "dissolvida a união estável por morte de um dos conviventes, o sobrevivente terá direito real de habitação, enquanto viver ou não constituir nova união ou casamento, relativamente à residência da família". Aqui, identicamente, bastando o confronto para tal se concluir, houve tratamento normativo diferenciado. O cônjuge casado só tinha direito real de habitação se o casamento fosse no regime de comunhão de bens. No casamento, regime de comunhão de bens; na união estável, *em qualquer caso* consideradas as regras do artigo 5° e § 1° da Lei n° 9.278/1996. Além da diferenciação de tratamento normativo, a tutela protetiva era maior para a união estável.

O que se quer evidenciar, reafirmando o dito anteriormente, é que o tratamento, relativamente à união estável, não necessita ser igualitário ao tratamento dado ao casamento. Não se impõe uma situação de isonomia. O Estado deve proteger a união estável, facilitando sua conversão em casamento, mas entre união estável e casamento não há igualdade nem tratamento necessariamente isonômico. O legislador é que dá a medida de proteção através da lei. Deste modo e considerando esta circunstância, fundamental é ver se o redator do Código Civil de 2002, ao normatizar a proteção, quis a equiparação com o casamento ou em que limites a disciplinou. Relativamente ao casamento, o cônjuge sobrevivente herda ou sozinho, ou em concorrência com descendentes ou em concorrência com ascendentes e, qualquer que seja o regime de bens, o *direito real de habitação* (arts. 1.829 e 1.831).

O convivente que sobrevive tem a disciplina da herdabilidade, dissolvendo-se a união estável por morte de um deles, indicada no artigo 1.790 do Código Civil. Herdará a totalidade da herança se o morto não deixar descendentes nem colaterais mas a sucessão, caso contrário, será em concorrência com os filhos comuns, com os descendentes só do autor da herança ou *com outros parentes sucessíveis*, neste último caso a um terço da herança. Destaquemos esta última situação. O tratamento dado à união estável, referentemente ao convivente que sobreviveu, foi menor que o dado ao cônjuge sobrevivente. Para este, a existência de colateral nenhuma diminuição acarretará à herança; na união estável, haverá concorrência entre o convivente supérstite e o colateral.

Temos, portanto, duas bases conclusivas formadas. A Lei nº 9.728/1996 perdeu sua eficácia normativa com a entrada em vigor do Código Civil de 2002. A proteção do Estado à união estável é medida de acordo com o que dispõe a lei e não há necessidade de ser uma simples transposição de normas do casamento para a união estável. A disciplina normativa da diferença é orientada pelo legislador. Assim, o silenciar acerca de qualquer direito não significa, em instante algum, omissão da lei que possa ser preenchida analogicamente.

6.4. Características

O artigo 1.416 diz serem "aplicáveis à habitação, no que não for contrário à sua natureza, as disposições relativas ao usufruto". Trata-se, como se pode observar, de aplicação subsidiária. Não de toda disciplina acerca do usufruto mas daquela que *couber*. Tudo aquilo que for disposição normativa na área do usufruto e se compatibilizar com a natureza da habitação real a esta se aplica. No terreno das características, há o artigo 1.393 do Código Civil que normatiza não se poder "transferir o usufruto por alienação; mas o seu exercício pode ceder-se por título gratuito ou oneroso". A intransmissibilidade do direito real por ato *inter vivos* se aplica na habitação real por subsidiariedade? E a cedibilidade do exercício, identicamente? São os dois primeiros temas a enfrentar.

A intransmissibilidade do direito real de habitação, por ato *inter vivos*, não encontra qualquer óbice na natureza jurídica da habitação real; ao contrário, está conforme com seus ditames estruturais. O habitador está impedido de alienar o direito real que detém para terceiro. Aqui, porém, há uma única exceção, também ocorrente no usufruto. A alienação é possível, se for para o dono do prédio ou nu-proprietário. A lei até prevê esta hipótese, que é a *consolidação* (art. 1.410, VI).

Toda vez que a propriedade desnudada e o direito real de habitação passam a pertencer à mesma pessoa, afigura-se o fenômeno da consolidação, que é causa extintiva do próprio direito real limitado. Na habitação real, há intransmissibilidade do direito por ato *inter vivos*, com a referida exceção.

Mas a transferência, ou cedência, do simples exercício do direito real, significativa de ato de natureza pessoal, é possível? No usufruto, a resposta é positiva porque a própria lei permite. O bem dado em usufruto é possível de ser alugado ou arrendado (título oneroso) ou ser dado em comodato (título gratuito). Esta autorização legal tem aplicação na habitação real? Em outras palavras, a casa alheia dada em habitação real pode ser objeto de locação ou de empréstimo, este obviamente na modalidade de comodato? O artigo 1.414, em sua *parte final*, impede: "o titular deste direito (habitador) não a pode alugar, nem emprestar, mas simplesmente ocupá-la com sua família" Ao contrário de no usufruto, na habitação real seu exercício é *incedível*. A subsidiariedade cede diante de norma expressa em contrário.

O direito real de habitação, assim como o usufruto, é intransmissível *causa mortis*. O habitador, titularizando tal direito real, vê ingressar em sua esfera jurídica a faculdade de, com eficácia de direito real, ocupar a casa alheia gratuitamente. No momento em que o habitador morrer, este direito que ele tinha não integra a herança que ele deixa para os herdeiros, compondo tudo o patrimônio transmissível? O entendimento tranqüilo, sem que haja a menor divergência, é que a morte do habitador, relativamente ao direito real de habitação, é causa de sua extinção; não de abertura da vocação hereditária. Assim como ocorre no usufruto, também acontece na habitação real. Não há transmissibilidade *causa mortis* deste direito real limitado, como identicamente acontece no uso.

Ao titular, outrossim, a *habitatio* é direito personalíssimo. Como conseqüência, a morte do habitador gera a extinção do direito. A primeira conclusão a que se chega é que se trata a habitação real de direito temporário. Mesmo que o contrato nada disponha a respeito, ele vale por tempo certo. No máximo, existe durante a vida do habitador. É vitalício. Com a morte de seu titular, automaticamente o direito real se encerra. Além do mais, como é comum, o contrato de habitação real tem a previsão de duração certa e determinada. Impensável se tratar de direito perpétuo. A *temporariedade* é outra característica do direito real limitado. Aliás, esta característica, como já se viu, acompanha os direitos reais limitados.

6.5. Extinção do direito real

Várias são as causas de extinção da habitação real. Qualquer delas, estando o direito real registrado na circunscrição imobiliária competente, ou por ser fator constitutivo ou, mesmo não sendo, por força da usucapião, da constituição *ope legis*, etc., deverá haver o necessário cancelamento, em conseqüência do que dispõe o artigo 252 da Lei de Registros Públicos (Lei nº 6.015/1973): "O registro, enquanto não cancelado, produz todos os seus efeitos legais ainda que, por outra maneira, se prove que o título está desfeito, anulado, extinto ou rescindido". Algumas causas extintivas já foram abordadas no subitem anterior: o *termo de duração*, que corresponde à previsão contratual, a *morte do habitador*, porque a *habitatio* é vitalícia, e a *consolidação*, porque não há direito real sobre coisa própria.

A *renúncia* do habitador provoca a extinção do direito real de que é titular. Trata-se de manifestação de vontade unilateral exteriorizada pelo titular da habitação, que corresponde à desistência do direito. Como a habitação é direito real imobiliário, a renúncia exige forma solene, isto é, há necessidade de escritura pública, ressalvada a situação da taxa legal. Independe de instrumento público se o imóvel for de valor igual ou inferior "a trinta vezes o maior salário mínimo vigente no País" (art. 108). A exigência de escritura pública, hoje, é tranqüila, porque o referido artigo 108 fala em "renúncia de direitos reais sobre imóveis". O artigo 134, II, do Código Civil de 1916, não tinha esta referência. Simplesmente falava em "contratos constitutivos ou translativos de direitos reais sobre imóveis".

Presente a taxa legal indicada no artigo 108, possível é a renúncia através de instrumento particular. Nenhuma dúvida quanto a esta possibilidade mas a indagação é se pode ser usada outra forma que não seja o instrumento particular. O certo é que a declaração de vontade que estamos examinando não depende de qualquer forma especial. Mas, afora a escritura pública, que é dispensada, há o instrumento particular, a manifestação oral, a tácita, a gestual, etc. Todas servem ou só o escrito particular? Como a manifestação de vontade deve ser registrada no Registro de Imóveis, com o objetivo de cancelamento, impensável a vontade que se manifeste a não ser por escrito. Daí, a necessidade de instrumento particular, no mínimo, porque o instrumento público, que está dispensado, não está vedado.

A *destruição da coisa* também leva à extinção do direito real de habitação. A destruição pode se configurar como perecimento material total do prédio. Não haverá mais solo nem edificação. Esta situação, indubitavelmente, é difícil de acontecer. Mas, se acontecer, o direito real de habitação estará extinto. O que é mais comum é a destruição *parcial*, perdendo o bem, como conseqüência, a utilidade moradia. É o caso, por exemplo, de um incêndio que destrói, pelo fogo, a edificação onde o habitador ocupa, fazendo dela a sua moradia. A esterilidade conseqüente, a perda da capacidade do uso residencial do prédio, afasta a possibilidade da existência da habitação, porque só o solo e os escombros são insuficientes para servir de moradia. O direito real de habitação tem como elemento fundamental uma casa alheia que sirva de moradia ao habitador.

As ressalvas constantes do artigo 1.410, V, do Código Civil, referem-se às hipóteses em que a destruição seja resultante de risco segurado, de ação culposa de terceiro ou de desapropriação, que se resolvem por pagamento de indenização em dinheiro ao titular dominial do bem dado em habitação. Na hipótese de usufruto, o usufrutuário se subroga no direito ao valor da indenização, mantendo, a partir de então, usufruto impróprio. Dois aspectos devem ser acentuados relativamente à habitação real. Inexiste no ordenamento jurídico brasileiro habitação sobre bem consumível. Além do mais, a habitação real tem como objeto prédio para ocupação gratuita do habitador. Não consoa com a natureza da habitação a sub-rogação.

Extingue, identicamente, o direito real de habitação, a *culpa do habitador*, com a prática de atos contrários à natureza do direito real e ao seu exercício. O habitador, já foi anotado, não pode alienar o bem dado em habitação. Deve manter a coisa no estado em que a recebeu, porque há o *salva rerum substantia*. Por isso, deve evitar, quanto possível, os casos de deterioração ou ruína, acudindo com os reparos de conservação. Se tal não fizer, há o exercício *irregular* da habitação, que se desenvolve por culpa do titular. O caso é de extinção do direito real, tudo se provando em demanda judicial em que se oportunize, ao habitador, o contraditório e a ampla defesa. Por fim, o *não-uso* da ocupação leva à extinção do direito real. É causa extintiva ligada ao decurso de tempo, ou prescrição: dez anos (art. 205 do Código Civil).

No caso de habitação conjuntiva, ou seja, co-habitação, o que é expressamente admitido pelo artigo 1.415, a extinção, como regra geral, se dará em parte, relativamente a cada um dos habitadores que falecer. No entanto, havendo estipulação expressa, pode haver o direito de acrescer (art. 1.411). A regra é evidenciadamente clara e se compatibiliza com a natureza jurídica da habitação real.

7. Direito real à aquisição de imóvel

7.1. Aspecto histórico

O Código Civil de Bevilacqua, que entrou em vigor a 1º de janeiro de 1917, tinha o artigo 1.088: "Quando o instrumento público for exigido como prova do contrato, qualquer das partes pode arrepender-se, antes de o assinar, ressarcindo à outra as perdas e danos, resultantes do arrependimento..." Mesmo havendo arras, o arrependimento poderia ser previsto e exercitado (arts. 1.094 a 1.097). Diante da ampla possibilidade de arrependimento, em que haverá exclusivamente a ressalva das perdas e danos, qual a eficácia maior de um compromisso de compra e venda de um imóvel, se as partes, principalmente o promitente vendedor se arrepender? Impossível se ver em qualquer destes contratos uma eficácia real a favor da parte arrependida.

O que é *se arrepender*? É desistir, mudar de procedimento ou conduta. No que importa, agir sem necessidade de apresentar motivos ou razões. Arrepende-se porque se quer e basta o fato de querer. Sustenta o fato do arrependimento a vontade sem justificativa. O ter que ressarcir as perdas e danos da outra parte poderia frear a ação de arrependimento do promitente comprador, porque sempre lhe representaria prejuízo. Ao contrário, quando o promitente vendedor se arrependesse, certo é que, na área negocial, haveria uma grande possibilidade de ganho. O exercício do arrependimento era prejuízo para o promitente comprador, porque o contrato de promessa perdia toda segurança jurídica. Longe de pensar que o ressarcimento que houvesse era suficientemente satisfatório para o compromissário.

Em 10 de dezembro de 1937, foi editado e assinado por Getúlio Vargas o Dec.-Lei nº 58, que dispôs sobre loteamento e venda de terrenos a prestações, que, em seu intróito, apresentou vários *conside-*

randos, entre os quais o de que o artigo 1.088 "deixa praticamente sem amparo numerosos compradores de lotes, que têm assim por exclusiva garantia a seriedade, a boa-fé e a solvabilidade das empresas vendedoras". Por isso, houve por bem o Decreto-Lei acima referido, para segurança dos negócios jurídicos realizáveis, normatizar garantias, para acautelar os compromissários do que, no futuro, pudesse acontecer. É neste instante que ingressa, no ordenamento jurídico brasileiro, o direito real de que vamos tratar.

Com efeito, o artigo 4º do Dec.-Lei nº 58/1937 determinou o registro, por averbação, dos compromissos de compra e venda e de financiamento, suas transferências e rescisões, no registro imobiliário, complementando, no artigo 5º, que "a averbação atribui ao compromissário direito real oponível a terceiros, quanto à alienação ou oneração posterior e far-se-á à vista do instrumento de compromisso de venda, em que o oficial lançará a nota indicativa do livro, página e data do assentamento". Com este último artigo, criava-se o direito real de aquisição do imóvel, adquirido através do contrato, pagamento prestacionado, de promessa de compra e venda.

Mais do que isto, deu-se força ao compromissário para executar o seu direito à escritura definitiva, ante a recusa do compromitente de outorgá-la. Legitimou-se o compromissário para buscar, perante o Poder Judiciário, a solução do litígio, ajuizando a ação de adjudicação compulsória, com base no artigo 16 do Decreto-Lei ora enfocado. No § 2º do artigo acima, regrou-se: "Julgada procedente a ação, a sentença, uma vez transitada em julgado, adjudicará o imóvel ao compromissário, valendo como título para a transcrição". Assim, neste exato ano de 1937, alterava-se profundamente o Código Civil de 1916. O artigo 1.088 não se aplicaria nas promessas de venda de imóveis parcelados. Indaga-se, complementarmente, como ficavam os contratos de imóvel não loteados?

O mesmo Decreto-Lei editou outra norma, como disposição geral, dirigida aos contratos de imóveis não loteados, sem cláusula de arrependimento, de compromisso de compra e venda e de cessão de direito, cujo preço tenha sido pago no ato de sua constituição ou o seja em uma ou mais prestações, e inscritos no registro imobiliário. O artigo 22 atribuiu-lhes direito real a seus compromissários oponível a terceiros, lhes conferindo o direito de adjudicação compulsória nos termos da lei processual. Deste modo, também adquiriram os contratos de imóveis não loteados a eficácia real *erga omnes*, desde que *sem cláusula de arrependimento*.

A partir de 19 de dezembro de 1979, a Lei nº 6.766 passou a dispor sobre o parcelamento do solo urbano. Como conseqüência, o Dec.-Lei nº 58/1937 limitou-se à disciplina, desde então, dos loteamentos rurais. Pois esta Lei de 1979, em seu artigo 25, deu a abrangência do que se tem, para fins de parcelamentos urbanos, por contratos *irretratáveis*: "os compromissos de compra e venda, cessões e promessas de cessão, os que atribuam direito à adjudicação compulsória e, estando registrados, confiram direito real oponível a terceiros". Lembra-se, porém, que esta lei é expressamente direcionada aos parcelamentos urbanos.

7.2. Constituição

Para a constituição do direito real à aquisição de imóvel, o direito brasileiro não oferece número plural de modalidades. Como é consabido, para se admitir a *usucapião* como meio de aquisição de qualquer direito real, necessária a existência de um desenvolvimento possessório na estrutura do direito. Através do exercício da posse modelada no tipo legal, pode-se com seu prolongamento pensar na aquisição via *ad usucapionem*. Na hipótese, nem o promitente comprador nem o promitente vendedor precisam, em relação ao imóvel objeto do direito real à sua aquisição, ser possuidores. A posse não integra a estrutura do direito real. Conseqüentemente, a usucapião é inservível para aquisição do direito real que estamos estudando.

Poder-se-ia, com a utilização da via *testamentária*, constituir o direito real à aquisição do imóvel? A lei civil silencia a respeito e não se vê com tranqüilidade poder o testador dispor em legado acerca deste direito. É que, em sua estrutura, há ações das partes impossíveis de serem substituídas pelo testador, como ato de última vontade. Legar um imóvel a quem adquiriria o seu domínio, está dentro das possibilidades de um testamento. Mas obrigar o adquirente a prometer transferir a terceiro e este, cumprindo a disposição testamentária, adquiri-lo a prestações ou em pagamento único, transborda os limites do testamento. Assim, a via testamentária não é modo de constituir o direito real à aquisição do imóvel. Pode haver, porém, transmissão do direito real já constituído.

O direito real à aquisição do imóvel é transmissível *causa mortis*. Falecendo o promitente comprador, sua morte não causa a extinção do direito real. Ele está integrado em seu patrimônio que, com a abertura da sucessão, é transmitido a seus herdeiros legítimos ou testamentários. Isto é o que se colhe da Lei. Mas o direito real em causa não está sendo constituído *causa mortis*. Ele já existia, com anterioridade. O que ocorre com a sucessão por herdabilidade é a *transmissão* do direito real já constituído. Daí reafirmarmos não existir modalidade *causa mortis* que importe na constituição do direito real à aquisição de imóvel. A questão pode ser bizantina mas é como a vemos.

A modalidade prevista em lei é a da constituição por ato *inter vivos*, através da convenção bilateral, ou seja, de negócio jurídico. As partes manifestam sua vontade, uma anuindo à vontade do outro, e constituem o direito real à aquisição futura do imóvel. O novo Código Civil, como já é da tradição do direito brasileiro, regra que "a validade da declaração de vontade não dependerá de forma especial, senão quando a lei expressamente a exigir" (art. 107 do Código Civil). Esta regra deve ser obedecida. O Dec.-Lei nº 58/1937 (art. 11) e a Lei nº 6.766/1979 (art. 26) falavam na forma especial de *escritura pública ou por instrumento particular*. O Código Civil de 2.002 repetiu a exigência da mesma forma especial (art. 1.417). O que não incide na hipótese é o artigo 108 da atual Lei Civil.

Nesta modalidade de constituir, que sustentamos ser a única possível, deve se extrair de seu conteúdo a expressa promessa de compra e venda e a inexistência de arrependimento. A cláusula referida à inexistência de arrependimento deve ser bem entendida e não reabrir uma discussão, com base no artigo 463 do Código Civil, de que os contratos, na forma do artigo 1.088 do Código Civil anterior, estariam novamente permitindo o direito de arrependimento. Nos loteamentos rurais, disciplinados pelo Dec.-Lei nº 58/1937, não mais pode se falar em tal direito, e, nos parcelamentos urbanos, regulados pela Lei nº 6.766/1979, não há como se pensar identicamente em direito de arrepender-se.

Os dois diplomas acima, o que é mais importante, negam o direito de arrependimento, ponto em que se configuram como normas cogentes, ou de ordem pública como se nominam na linguagem da Lei de Consumo. Antiga *Súmula* do STF, de nº 166, dizia ser "inadmissível o arrependimento no compromisso de compra e venda sujeito ao regime do Dec.-Lei nº 58, de 10.12.37". Quanto à Lei nº 6.766/1979, o artigo 25 já citado anteriormente também tem caráter imperativo. Em termos de terrenos loteados, não há mais que se falar em arrependimento. Mas resta um ponto a deslindar. Os artigos do Dec.-Lei nº 58/1937 e da Lei nº 6.766/1979, acima citados, não foram revogados pelo Código Civil e, assim, excluídos do ordenamento jurídico brasileiro?

O Código Civil, embora sua importância e dimensão normativa, não deixa de ser uma lei ordinária como tantas outras. Ao entrar em vigor, sua eficácia revogatória deve ser examinada perante a Lei de Introdução ao Código Civil (Dec.-Lei nº 4.657, de 4.9.1942). Os elementos de revogação, no confronto dos diplomas legais de loteamento e parcelamento com o Código Civil, não se fazem presentes. Não há que se falar, por isso, em revogação explícita ou tácita, com base no § 1º do artigo 2º da LICC ou de qualquer outro dispositivo legal. Acrescenta-se, ainda, que o novo Código Civil não trata de loteamentos rurais e de parcelamentos urbanos. Onde estaria o elemento de revogação para afastar do ordenamento jurídico os dois diplomas, de tão grande relevância normativa?

Relativamente às promessas de compra e venda de imóveis não loteados é que resta a possibilidade de haver cláusula de arrependimento. No estudo histórico que fizemos do tema jurídico, concluímos no subitem 7.1 que o direito real à aquisição de imóvel, tratando-se de terrenos não loteados, só caberia se não houvesse cláusula de arrependimento. Na Lei nº 4.380, de 21 de agosto de 1964, que trata de contratos imobiliários de interesse social, seu artigo 69 fala em "contrato de promessa de cessão de direitos relativos a imóveis não loteados, sem cláusula de arrependimento..." a que se atribui "direito real oponível a terceiro e confere direito a obtenção compulsória da escritura definitiva da cessão..." É para os imóveis não loteados que existe a expressão "em que não se pactuou arrependimento" do artigo 1.417 do Código Civil.

Observa-se, todavia, que o negócio jurídico que institui o direito real à aquisição de imóvel, embora a validade que tenha contra o promitente vendedor, depende, para a efetivação do direito real, ser o mesmo registrado no Cartório do Registro de Imóveis da circunscrição imobiliária competente. Além da determinação genérica contida no artigo 1.227 do Código Civil, o próprio artigo 1.417 do mesmo diploma civil contém a exigência. Este é o fator constitutivo essencial para que se confira a eficácia *erga omnes* ao direito real constituído. O dado definidor do direito real, o que sustenta o direito de seqüela ou de inerência, só aparece a partir do momento em que há o cumprimento do fator constitutivo. Com este, está efetivamente constituído o direito real de que se fala.

7.3. Características

Nem todo direito real limitado se extingue pelo fato da morte de seu titular. O usufruto, o uso e a habitação se caracterizam por serem intransmissíveis *causa mortis*. A morte do usufrutuário, do usuário e do habitador provocam, automaticamente, o fim do usufruto, do uso e da habitação, sendo que a usufruição, a fruição limitada ou o prédio usado *pro habitatio* retornam ao proprietário. Diferentemente, é o que ocorre com o direito real de superfície. O direito superficiário, com a morte de seu titular, transmite-se a seus herdeiros legítimos e testamentários. E o direito real à aquisição do imóvel, ante a morte do compromissário, transmite-se a seus herdeiros ou tem como efeito a extinção do direito real?

Vige, no direito real à aquisição do imóvel, a característica da transmissibilidade *causa mortis*, com a abertura da sucessão pelo fato da morte do titular, transferindo-se o direito real aos herdeiros legítimos e testamentários. O § 2° do artigo 12 do Dec.-Lei n° 58/1937 foi expresso a respeito: "O falecimento dos contratantes não resolve o contrato, que se transmitirá aos herdeiros". A Lei n° 6.766/1979 não foi clara mas criou o princípio de que, falecendo o loteador, haverá a sucessão *causa mortis* (art. 29). Inexistem razões, por menores ou maiores que sejam, que justifiquem, com a morte do compromissário, a resolução contratual. Pelo menos, a morte do compromissário não aparece como causa do cancelamento do direito real (art. 36).

Outra característica incidente no direito real que estamos estudando é a da transmissibilidade *inter vivos*. Esta característica inexiste nos direitos reais de usufruto, uso e habitação. A lei civil expressamente veda a alienação do usufruto, uso e habitação, só admitindo a transferência para o proprietário da coisa sob direito real. No direito superficiário, a transferência da denominada propriedade superficiária é possível mas se assegura ao proprietário o direito de preferência, *tanto por tanto* (art. 1.373 do Código Civil). Há a possibilidade de transmitir mas a participação do proprietário é garantida, ou para consentir com a medida ou para exigir que a venda lhe seja feita. Esta preempção também existe na alienação pelo compromissário do direito real à aquisição do imóvel?

A resposta é negativa, porque a transferência pode se dar por simples trespasse lançado no verso do contrato original, ou por instrumento em separado. A participação do promitente vendedor é secundária, silenciando-se sobre o direito de preferência. No Dec.-Lei n° 58/1937, diz-se que "a falta do consentimento não impede a transferência, mas torna os adquirentes e os alienantes solidários nos direitos e obrigações contratuais" (art. 13, § 1º). Na Lei nº 6.766/1979, diz o artigo 31, § 1º: "A cessão independe da anuência do loteador mas, em relação a este, seus efeitos só se produzem depois de cientificado, por escrito, pelas partes ou quando registrada a cessão". Concluímos, portanto, que a transmissão *inter vivos* é livre, sem direito de preferência de quem quer que seja.

Os direitos reais limitados, com a exceção da servidão predial, são temporários. A superfície tem, como pressuposto básico, a previsão expressa na escritura pública do tempo determinado (art. 1.369). O usufruto, o uso e a habitação são, quando titulares pessoas físicas, vitalícios e, na hipótese de pessoa jurídica, por trinta anos da data em que se iniciou o seu exercício (art. 1.410, I e III). O penhor, a anticrese e a hipoteca jamais serão perpétuos. Relativamente ao direito real à aquisição de imóvel, as circunstâncias em que ele se desenvolve fazem concluir, sem a menor sombra de dúvida, que a característica da *temporariedade* o acompanha.

As promessas de compra e venda a prestações de imóveis urbanos e rurais se realizam no mercado consumidor, aparecendo o adquirente como destinatário final e o ato de transferência como ato de consumo. Há, por isso, adequação de tais promessas à disciplina do Código do Consumidor (Lei nº 8.078/1990). Inclusive o artigo 53 do CDC se refere expressamente a tais contratos. Aqui, uma nova característica. Os contratos que embasam o direito real à aquisição de imóvel têm a *natureza consumerista* e se regulam por normas do CDC.

O fato das promessas de compra e venda serem de natureza consumerista oportuniza o ingresso de normas de proteção contratual localizadas na lei de consumo. Assim, alguns princípios passam a acompanhar os compromissos de compra e venda que estamos examinando: a) o princípio da interpretação mais benéfica das cláusulas contratuais (art. 47); b) o princípio da legibilidade (art. 46), que exige que o contrato seja redigido de maneira a facilitar a sua compreensão e alcance pelo compromissário; c) o princípio da boa-fé contratual, as partes não mascarando a verdade, seja através de omissões ou de reserva mental, com extensão dada pelo artigo 422 do Código Civil.

7.4. Direitos do compromissário

O compromissário, desde o momento em que o direito real à aquisição de imóvel se constituir, é titular de uma série de direitos como o de usar, o de fruir e o de construir. Utiliza-se do imóvel como o proprietário o utilizaria, porque é conseqüência do poder que ele assume. Frui os bens, percebendo os frutos naturais e civis. E adquire o direito de construir. Conforme a destinação econômica do terreno, sobre ele faz edificações e benfeitorias, sejam necessárias, úteis e voluptuárias. Tais direitos não são exclusivos de titular de direito real limitado que estamos estudando. Encontram-se em outras hipóteses e institutos jurídicos. O usufrutuário e o superficiário, por exemplo, têm estas faculdades de usar, de fruir e de construir. Por isso, tratando-se de compromissário, os direitos não sendo exclusivos, basta elencá-los.

Neste subitem, enfrentar-se-ão com mais profundidade os direitos que o compromissário tem e que se vinculam com exclusividade ao direito real à aquisição do imóvel. Todas as leis que tratam das promessas de compra e venda neles falam e o artigo 1.418 do Código Civil expressamente a eles se refere: *outorga da escritura definitiva* e *outorga por adjudicação compulsória*. São dois direitos que, conforme as circunstâncias, *se substituem*. A outorga da escritura definitiva é o primeiro direito exigido do compromitente e, somente quando há a recusa deste, é que se forma o direito à adjudicação compulsória, que é a forma coativa de execução do direito do compromissário, que substitui o inadimplemento do compromitente.

Se o compromissário satisfizer todas suas obrigações, inclusive "antecipando ou ultimando o pagamento integral do preço", terá direito à outorga da escritura definitiva e, se recusando o promitente vendedor, o direito à adjudicação compulsória pode ser utilizado (arts. 15 e 16 do Dec.-Lei nº 58/1937). De outro lado, na hipótese de se tratar de parcelamento urbano, à irretratabilidade da promessa de compra e venda do imóvel é atribuído o direito à adjudicação compulsória (art. 25 da Lei nº 6.766/1979). A leitura dos artigos citados não dá margem a qualquer dúvida quanto à execução coativa de tais compromissos se dar, pela recusa da escritura definitiva, através da outorga compulsória.

Na adjudicação compulsória, não há anuência escrita ou presumida do compromitente, pelo simples fato de ter havido a recusa. Julgada procedente a ação de adjudicação, o que equivale se ter negado justificativa à recusa apresentada, o que ingressa no Registro de Imóveis é a sentença de procedência transitada em julgado. Somam-se, para aquisição da propriedade plena do imóvel, a vontade expressa do compromissário e a vontade não manifestada do compromitente substituída pela decisão judicial. O § 2º do artigo 16 do Dec.-Lei nº 58/1937 impõe esta interpretação: "Julgada procedente a ação, a sentença, uma vez transitada em julgado, adjudicará o imóvel ao compromissário, valendo como título para a transcrição".

Hoje, diante da jurisprudência a respeito das ações de adjudicação compulsória, pode se indagar se era, ou é, pressuposto básico para a adjudicatória estar a promessa registrada antecipadamente no Registro de Imóveis. Esta é a questão que, durante algum tempo, se mostrou polêmica. Para bem compreender a divergência, há que se atentar para um aspecto histórico. Até 1988, o órgão do Poder Judiciário que, por último, poderia julgar as adjudicatórias era o STF. A partir de 1988, não havendo matéria constitucional a enfrentar, a competência se transferiu para o STJ. As posições adotadas por estes dois Tribunais entraram em conflito.

O STF sustentou, a seu tempo, que era pressuposto essencial para o ajuizamento da ação de adjudicação compulsória o prévio registro no Registro de Imóveis. A *Súmula* do STF, verbete nº 167, regrava que "não se aplica o regime do Dec.-Lei nº 58, de 10.12.37, ao compromisso de compra e venda não inscrito no registro imobiliário, salvo se o promitente vendedor se obrigou a efetuar o registro". Complementava a orientação sumular, o que se colocou na *Súmula* nº 168, do mesmo Tribunal: "Para os efeitos do Dec.-Lei nº 58, de 10.12.37, admite-se a inscrição imobiliária do compromisso de compra e venda no curso da ação". O STF, portanto, admitia a adjudicação compulsória com o registro a qualquer tempo da promessa de compra e venda.

A imprescindibilidade do registro tinha apoio em dispositivos legais. O artigo 23 do Dec.-Lei nº 58/1937 regra que "nenhuma ação ou defesa se admitirá, fundada nos dispositivos desta lei, sem apresentação de documento comprobatório do registro por ele instituído". Inclusive, esta orientação normativa se apresentava em outros diplomas legais. Na Lei nº 4.591/1964, na parte que trata das incorporações imobiliárias, descumprindo o incorporador a outorga dos contratos, os documentos do ajuste preliminar irão à averbação "que conferirá direito real oponível a terceiros, com o conseqüente direito à obtenção compulsória do contrato correspondente" (art. 35, § 4º). O mesmo é dito no artigo 69 da Lei nº 4.380/1964.

Contrapõe-se outro entendimento, pertinente à desnecessidade do registro prévio, que se baseia na interpretação quase gramatical do artigo 25 da Lei nº 6.766/1979, concluindo por duas afirmações: a) o pressuposto da adjudicação compulsória é a irretratabilidade do contrato; b) o registro é indispensável só para conferir ao contrato direito real oponível a todos. Daí, a conclusão final de que a ação de adjudicação compulsória pode ser intentada, sem depender que o contrato esteja registrado no Registro de Imóveis. Adquire mais força este entendimento diante do artigo 46 da Lei n° 6.766/1979, de que o *loteador* é quem necessita do registro para o ingresso da ação.

O STJ, conforme se salientou anteriormente, se orientou diferentemente do STF. Editou a *Súmula* n° 239, assim redigida: "O direito à adjudicação compulsória não se condiciona ao registro do compromisso de compra e venda no cartório de imóveis". As razões e fundamentos que levaram a esta orientação decisória são simples. O registro imobiliário confere ao compromissário a oponibilidade contra terceiros, alcançando o *erga omnes*. O objetivo do registro é para dar à promessa eficácia contra toda coletividade. É a *realidade* do direito que contrapõem o compromissário e o *erga omnes*. Sem o registro, a eficácia só vale entre compromitente e compromissário. O direito não é real mas a relação entre os contratantes é pessoal e válida.

A adjudicação compulsória substitui a recusa do compromitente em outorgar a escritura definitiva. A recusa não é da coletividade; é do compromitente. Se este não se recusasse, poderia assinar a escritura definitiva mesmo que a promessa não estivesse registrada. Se é para substituir um ato que independia de registro prévio, no qual, nenhum interesse tem o *erga omnes*, porque a exigência do registro prévio? O assinar a escritura definitiva é *obrigação pessoal* do compromitente. Este, se recusando, o conflito é somente entre as pessoas do compromitente e do compromissário. A adjudicação compulsória não dispensa o registro imobiliário posterior.

7.5. Cancelamento do registro

O Dec.-Lei n° 58/1937, desde o momento em que foi editado, dispôs que as promessas de compra e venda, para adquirir a natureza de direito real, devem ser *averbadas* no Registro Imobiliário (arts. 4°, *b*, e 5°), podendo ser, nas hipóteses de lei, canceladas as *averbações* (art. 7°, *a*). A Lei n° 6.766/1979 normatizou diferentemente. Para aquisição do direito real, as promessas devem ser *registradas* (art. 25), podendo haver o cancelamento do *registro* nos casos elencados em lei (art. 36). São dois diplomas que se diferenciam, quase que exclusivamente, quanto à abrangência disciplinar: o Dec.-Lei n° 58/1937, para os loteamentos rurais, e a Lei n° 6.766/1979, para os loteamentos urbanos. Daí pode-se concluir que *averbação* e *registro* são sinônimos?

A questão não se localiza na sinonimia, ou não. A diferenciação está em dispositivos legais. *Depois* de editado o Dec.-Lei nº 58/1937 e *antes* de publicada a Lei nº 6.766/1979, entrou em vigor a Lei de Registros Públicos (Lei nº 6.015/1973) que, em duas normas, assim dispôs: a) *registram-se* os "contratos de promessa de compra e venda de terrenos loteados em conformidade com o Dec.-Lei nº 58, de 10 de dezembro de 1937, e respectiva cessão e promessa de cessão, "quando o loteamento se formalizar na vigência desta lei" (art. 167, I, 20); b) *averbam-se* os mesmos compromissos, "quando o loteamento se tiver formalizado anteriormente à vigência desta lei" (art. 167, II, § 3º). A Lei nº 6.766/1979 seguiu, simplesmente, a nova orientação normativa ditada pela LRP: a da registrabilidade.

Neste subitem, embora averbação não se confunda com registro, sendo este último mais amplo, trataremos as duas situações como sendo de cancelamento de registro. No Dec.-Lei nº 58/1937, a averbação não passa de uma forma de registro (art. 7º), da mesma forma que a inscrição. Por isso, nenhuma incorreção maior trátá-las em conjunto. As causas arroladas nos dois diplomas legais de loteamentos, urbanos e rurais, são três: requerimento das partes contratantes, rescisão ou resolução contratual e mandado judicial. O diploma de 1937, pertinente a loteamentos rurais, indica uma quarta causa não repetida expressamente pela Lei de 1979. No final deste subitem enfrentaremos esta causa, que é a transcrição do contrato definitivo.

Uma das causas elencadas para o cancelamento do registro é que haja *requerimento das partes contratantes da promessa de compra e venda* (art. 7º, I, do Dec.-Lei nº 58/1937), *requerimento conjunto* (art. 36, II, da Lei nº 6.766/1979). A Lei de Registros Públicos (Lei nº 6.015/1973) tem norma específica à matéria e, em nosso entendimento, se aplica à hipótese ora examinada. Os requerentes devem ser capazes, tendo as firmas devidamente reconhecidas por autoridade competente (art. 250, II). Tratando-se de incapaz, admite-se, por interpretação, o requerimento desde que haja assistente ou representante. Da mesma forma, entendemos que, sendo qualquer dos compromissários requerentes casado, há necessidade da assinatura do cônjuge.

O cancelamento do registro nesta hipótese tem, como efeito imediato, excluir-se do compromissário, quanto a seu direito, a eficácia da oponibilidade contra terceiros, perdendo a promessa a característica de direito real. O registro é que lhe conferiu a eficácia *erga omnes*, a identificação do direito real pelo direito de seqüela, ou de inerência. O contrato passa a se configurar como direito pessoal. Com o cancelamento do registro, o título, necessariamente, não se anula ou perde a validade. Resta juridicamente válido como já era. E se tal acontecer, a relação jurídica de direto pessoal se mantém. É o que se lê no artigo 254 da Lei de Registros Públicos: "se, cancelado o registro, subsistirem o título e os direitos dele decorrentes, poderá o credor promover novo registro, o qual só produzirá efeitos a partir da nova data".

A segunda causa do cancelamento do registro é a *resolução do contrato* (art. 7°, *b*, do Dec.-Lei n° 58/1937) ou a *rescisão comprovada do contrato* (art. 36, III, da Lei n° 6.766/1979). Nesta causa, em que se localizam algumas hipóteses que serão examinadas, há um aspecto importante a ressaltar, inicialmente. Aqui, não há somente o efeito do cancelamento do registro, que é a exclusão da eficácia *erga omnes*, desaparecendo o direito real. Nesta situação, o título que embasou o registro imobiliário também se invalida, desaparecendo do mundo jurídico. Desfazem-se o direito real e a relação de direito pessoal. Juridicamente, nada resta. Um primeiro exemplo é suficiente. Comprovando-se que a promessa de compra e venda foi distratada, desfazem-se o ato negocial que constituiu o direito pessoal e sua eficácia real.

É de se lembrar que o distrato é o desfazimento do contrato, com a presença do mútuo consentimento. Os contratantes, compromitente e compromissário, concordam em desfazer, voltando ao *statu quo ante*, o que tinham feito. É uma forma bilateral de extinção contratual. Não há, propriamente, uma forma especial de manifestação de vontade no distrato. O negócio jurídico, que estabelece a promessa de compra e venda, pode ser efetuado por instrumento público ou particular, o que se entrega à livre escolha dos contratantes. Para o distrato, a regra é específica: "O distrato faz-se pela mesma forma exigida para o contrato" (art. 472 do Código Civil).

Outro exemplo de resolução do contrato adequada à segunda causa está no artigo 14, § 3°, do Dec.-Lei n° 58/1937, e repetido no artigo 32, § 3°, da Lei n° 6.766/1979. O compromissário que, vencida a prestação, não a pagar, poderá ser intimado, a requerimento do compromitente, para satisfazer as prestações vencidas e vincendas, juros e custas da intimação. O devedor poderá, objetivando convalescer o contrato, purgar a mora. Se tal não fizer, o compromitente pede ao oficial do Cartório o cancelamento do registro. Como se observa neste exemplo, identicamente como no distrato, o processo de cancelamento é extrajudicial, tudo correndo no Cartório do Registro de Imóveis, sem intervenção do Poder Judiciário.

Como já tivemos oportunidade de acentuar, o compromissário, pelo fato de sua titularidade, tem o direito de construir. Exercendo esta faculdade, realiza no terreno diversas benfeitorias. Na hipótese de rescisão do compromisso por inadimplemento do promitente comprador, qual a destinação que se dá às benfeitorias? A Lei nº 6.766/1979 tem uma regra incidente "em qualquer caso de rescisão por inadimplemento do adquirente" (art. 34), o que leva, inicialmente, a interpretar a norma como disciplinando não só as hipóteses de parcelamento urbano como as de loteamento rural, do Dec.-Lei nº 58/1937.

A regra da Lei nº 6.766/1979 é relativa a benfeitorias necessárias e úteis que o compromissário tenha realizado no imóvel. Afora as benfeitorias feitas contrariamente ao que dispõe o contrato ou a lei, elas devem ser ressarcidas, sendo vedado que no ajuste contratual se disponha liberando o compromitente de indenizá-las. A Lei nº 6.766/1979 é, porém, omissa em três pontos fundamentais: a) como se calcular o valor das benfeitorias para efeito de ressarcimento?; b) caso o compromitente se negar a pagar a indenização devida pelas benfeitorias, tem o compromissário direito de retenção?; c) como se resolve o problema das benfeitorias voluptuárias? A solução, sustentamos, se dá pela regra geral.

O compromissário, sem dúvida alguma, é possuidor de boa-fé. Em conseqüência deste fato, há a utilização da regra contida no artigo 4º da Lei de Introdução ao Código Civil (Dec.-Lei nº 4.657/1942): "Quando a lei for omissa, o juiz decidirá o caso de acordo com a *analogia...*" (*o grifo é nosso*). O Código Civil disciplina que o possuidor de boa-fé faz jus às benfeitorias necessárias e úteis, podendo exercer o direito de retenção (art. 1.219). Ao possuidor de boa-fé, outrossim, se indenizarão as benfeitorias pelo valor atual (art. 1.222). Quanto às voluptuárias, pode "levantá-las, quando o puder sem detrimento da coisa", se o reivindicante não as pagar (art. 1.219).

De outro lado, com a resolução do contrato pelo não-pagamento das prestações devidas pelo compromissário, este não perderá, necessariamente, em favor do compromitente, as prestações que já pagou. A Lei nº 6.766/1979 faz uma ressalva relativamente àquelas situações em que já tenha "havido o pagamento de mais de 1/3 (um terço) do preço ajustado" (art. 35). Ademais, como a promessa de compra e venda tem a natureza de consumerista, aplica-se na hipótese o artigo 53 do Código de Defesa do Consumidor, que diz considerarem-se "nulas de pleno direito as cláusulas que estabeleçam a perda total das prestações pagas em benefício do credor". Estas duas normas obstam que as partes contratantes disponham diferentemente no contrato, porque há ofensa ao princípio da vulnerabilidade do compromissário consumidor.

Enfrentemos a terceira causa do cancelamento do registro: *mandado judicial* (art. 7°, *c*, do Dec.-Lei n° 58/1937) ou *decisão judicial* (art. 36, I, da Lei n° 6.766/1979). Nesta causa, a hipótese de cancelamento se forma na área judicial. O ato negocial da promessa de compra e venda pode ser, por decisão judicial, anulado ou nulificado. O próprio registro pode conter invalidade a ser declarada pelo Judiciário. O Dec.-Lei n° 58/1937, inclusive, normatiza que "subentende-se no contrato a condição resolutiva da legitimidade e validade do título do domínio". O que se quer dizer é que, nas mais diversas hipóteses, pode haver sentença judicial que importe no cancelamento do registro.

A Lei de Registros Públicos, para esta espécie de cancelamento, exige sentença com trânsito em julgado (art. 250, I). Inclusive, mais adiante, no artigo 259, repete-se a exigência: "O cancelamento não pode ser feito em virtude de sentença sujeita, ainda, a recurso". Impensável, por isso, eis que foge à competência jurisdicional, a concessão de liminares que envolvam cancelamento de registro por mandado judicial. O trânsito em julgado tem uma eficácia tão forte que se incompatibiliza com qualquer antecipação da tutela. Liminares nesta área causariam os maiores transtornos nos registros públicos, retirando-lhes a importância e credibilidade que eles têm voltados à segurança jurídica.

A última causa de cancelamento de registro consta do Dec.-Lei n° 58/1937 – *transcrição do contrato definitivo de compra e venda –*, conforme se lê no artigo 7°, *c*, embora não haja similar na Lei de 1979. Trata-se de uma orientação doutrinária do legislador de 1937, no entendimento que, dada a escritura definitiva, o registro pertinente à promessa de compra e venda é cancelado. Entendemos diferentemente. A escritura definitiva, ao contrário, consoa com a promessa de compra e venda e confirma seus termos. Aquilo que era simplesmente promessa passa a ser contrato definitivo, que importa na transferência, desde logo, da propriedade plena ao adquirente, até então compromissário. Nada é cancelado. Talvez, por isso, a Lei n° 6.766/1979 não se refira, em qualquer de suas normas, a esta causa.

7.6. Falência e insolvência

É possível que, tanto numa hipótese, o compromitente possa ter declarada sua falência, como, em outra situação, o compromissário seja declarado insolvente. A indagação que se forma diz respeito aos reflexos da falência e da insolvência na promessa de compra e venda. Configurar-se-iam como condições de resolutividade do contrato, extinguindo-o? O problema, como se vê, é de grande relevância. A Lei Falimentar (Dec.-Lei nº 7.661/1945), tratando dos efeitos jurídicos da sentença declaratória de falência quanto aos contratos do falido, em seu artigo 44,VI, diz que "na promessa de compra e venda de imóveis, aplicar-se-á a legislação respectiva". O devedor, na insolvência, outrossim, perde o direito de administrar seus bens, e o administrador nomeado o substitui (arts. 752 e 763 do CPC).

Assim, nem a sentença declaratória de falência nem a declaratória de insolvência resolvem a promessa de compra e venda de imóveis (art. 12, § 2º, *segunda parte*, do Dec.-Lei nº 58/1937 e art. 30 da Lei nº 6.766/1979). Alguma influência terão, obviamente. É o que se lê nos dois diplomas legais de loteamento. Rescisão dos contratos não haverá. Mas "se a falência ou insolvência for do proprietário da área lotada ou do titular do direito sobre ela, incumbirá ao síndico... dar cumprimento ao referido contrato; se do adquirente do lote, seus direitos serão levados à praça" (art. 30 da Lei nº 6.766/1979).

8. Penhor

8.1. Introdução

O penhor, como um dos direitos reais de garantia, tendo sempre por objeto coisa móvel, faz com que o bem fique, por vínculo real, sujeito ao cumprimento da obrigação que está garantindo. Como regra, ressalvada disposição expressa no título, ou na quitação, esta vinculação se mantém, em sua inteireza, até o pagamento de toda dívida. A garantia pignoratícia se impregna em todas as partes e em todas as moléculas do bem, ou dos bens, dados em penhor, trazendo como reflexo a manutenção da garantia em relação a todos os bens empenhados mesmo que a dívida, por qualquer razão, diminua (art. 1.421). É o denominado *princípio da indivisibilidade*, que só cede ante cláusula contratual em contrário ou no recibo de quitação parcial.

A possibilidade de alienação é básica para se admitir a empenhabilidade de qualquer bem, alienabilidade esta que deve ser vista sob dupla compreensão. Capacidade de alienar de quem, como devedor, vai dar o bem em penhor, e a inalienabilidade que o bem deve possuir. Capacidade, como se vê, subjetiva e quanto ao próprio bem. Assim, o não-proprietário não pode dar em penhor determinado bem, porque, não sendo *dominus*, não pode alienar. Entretanto, "a propriedade superveniente torna eficaz, desde o registro, as garantias reais estabelecidas por quem não era dono" (art. 1.420, § 1º). O bem, outrossim, que esteja sob cláusula de inalienabilidade não pode ser dado em penhor.

O exame de qualquer direito real de penhor qualifica-o como acessório, temporário e a garantia que se extrai do título constitutivo é efetiva. A acessoriedade é, por natureza, do próprio instituto jurídico em exame, confrontando-o com a orientação normativa do artigo 92 do Código Civil. A temporariedade, porque extingue-se o penhor com a extinção da obrigação, que é a dívida, que se extingue com o pagamento ou com a simples passagem do tempo, através da prescrição. A garantia é tudo que se pode extrair, como valor econômico, da substância da coisa. O não-pagamento da dívida pelo devedor concede ao credor o direito de se pagar pelo valor econômico do bem dado em garantia.

É inadmissível, ao se constituir o penhor, se prever no contrato *cláusula comissória*. Esta cláusula é significativa de que as partes convencionaram que, não pagando o devedor a dívida, o credor pode se apropriar do bem dado em garantia. O artigo 1.428 declara tal cláusula nula de pleno direito. Acrescenta-se que também haverá nulidade se a previsão da cláusula se der *in adendo*, posteriormente firmado. O que a lei civil ressalva é que, após o vencimento da dívida, "poderá o devedor dar a coisa em pagamento da dívida" (art. 1.428, parágrafo único). A dação em pagamento, como se vê, está admitida, e a exceção se justifica, porque com a vencimento da dívida a pressão exercida pelo credor, para o ajuizamento da ação, nada contém de ilicitude.

Concede-se, outrossim, ao credor pignoratício o *direito de excussão*, que é o direito de execução judicial, forma de extrair do bem dado em garantia o valor econômico que ele tem e, com este valor, se cobrar de seu crédito. Este direito de excussão fica suspenso até o instante em que, vencida a dívida garantida, o devedor não honra o pagamento. Daí a existência de venda judicial do bem empenhado e, se necessária, a praça pública. Realizado o valor econômico do bem, a conseqüência é pagar ao credor pignoratício o devido. O direito de excussão se efetiva, qualificado que é, como preferencial, ou seja, prefere "no pagamento a outros credores" (art. 1.422), embora esta preferência seja relativizada (parágrafo único).

O simples fato de o penhor ser excutido não leva à quitação da dívida. O que a paga, pois esta é a efetiva garantia, é o valor econômico extraído com a venda judicial. É lógico que, superando o valor econômico o valor da dívida acrescido das despesas judiciais, o que sobeja será entregue ao devedor porque a ele pertence. Em complemento, se o valor econômico alcançado é insuficiente para a quitação da dívida e das despesas judiciais, o devedor continua responsável pelo que faltou. Esta obrigação, porém, é *pessoal* e não tem o devedor, ou qualquer outro por ele, a obrigação de individuar outro bem para garantia do restante não pago (art. 1.430). Tal norma é explícita em dizer "continuará o devedor obrigado *pessoalmente* pelo restante" (*o grifo é nosso*).

Fala-se, ainda, como titularizando o credor pignoratício, em *direito de reforço* e *em direito de sub-rogação*. Vejamos cada um destes direitos. Existem hipóteses em que, mesmo ainda não vencida a dívida, o bem dado em penhor, por diminuição de seu valor econômico, desfalca a dívida. Estas hipóteses estão eleitas em lei: a) a deterioração ou a depreciação do bem empenhado; b) a desapropriação do bem dado em garantia; c) o perecimento da coisa concedida dada em garantia, estando ela assegurada por contrato de seguro no risco causador do perecimento, havendo, por isso, indenização a pagar; d) o perecimento ou a danificação por ato culposo de terceiro, que deverá ressarcir todo o prejuízo.

Examinemos a primeira hipótese – *a deterioração ou a depreciação do bem empenhado*. Se, em qualquer destes casos, houver desfalque da garantia, o devedor é intimado a reforçá-la ou a substituí-la, pena da dívida considerar-se vencida. Neste momento é que aparece o denominado *direito de reforço*. Este nada mais é do que uma forma de, aumentando a garantia, reconduzir-se à sua extensão como existia no início do penhor. O direito de reforço é uma faculdade concedida ao devedor para evitar a antecipação do vencimento da dívida. Se foi, no entanto, um terceiro que prestou, pelo devedor, a garantia, este só fica obrigado ao reforço se na perda, na deterioração ou na desvalorização do bem tenha participado culposamente ou se houver cláusula expressa no título constitutivo (art. 1.427).

Nas outras hipóteses – *desapropriação, seguro* e *responsabilidade civil* –, há o aparecimento de indenização. A justa indenização na desapropriação, a indenização securitária e o ressarcimento pelas perdas e danos na responsabilidade subjetiva. O bem se desvincula da garantia, mas o direito do credor pignoratício se subroga no valor da indenização. Na desapropriação, haverá o depósito da "parte do preço que for necessária para o pagamento integral do credor" (art. 1.425, V). No seguro e na responsabilidade civil, a sub-rogação se dá no valor da indenização "em benefício do credor, a quem assistirá sobre ele preferência até seu completo reembolso" (art. 1.425, § 1º). Este é o denominado *direito de sub-rogação*.

Seria um equívoco pensar que só há uma espécie de penhor. Diversos são os penhores existentes na legislação brasileira. Todos eles diferenciados por sua estruturação legal. Por isso, a necessidade de serem examinados também diferenciadamente. Há o penhor que a lei denomina de *penhor comum*. Há o *penhor rural*, que se subdivide quanto aos objetos e soluções, em *penhor agrícola* e *penhor pecuário*.

Há, ainda, outros penhores especiais, designados de *penhor industrial ou mercantil, penhor de direitos e títulos de crédito e penhor de veículos.* A final, existe o *penhor legal* que não se constitui pela vontade das partes e, sim, por força da lei. Há evidente necessidade de que cada uma das espécies seja examinada separadamente, face à estruturação jurídica diversificada. É o que faremos, em continuidade, enfrentando todas as hipóteses, em cada um dos próximos subitens.

8.2. Penhor comum

Um dado fundamental à estruturação do penhor comum é a *transferência efetiva* da posse do objeto do penhor para a pessoa do credor pignoratício. O que vai haver, efetivamente, é desmembramento possessório, ficando a posse indireta com o devedor e a posse direta se titularizando na pessoa do credor. Com efeito, cria-se para o credor pignoratício o *dever de restituibilidade* da coisa empenhada tão logo findo, regularmente, o penhor. A transferência da posse do bem dado em garantia para o credor não é exclusividade, como se verá mais adiante, do penhor comum, visto que tal também ocorre no penhor de direitos e títulos de crédito. As hipóteses em que não há esta transmissão da posse ao credor, são as de penhor rural, industrial, mercantil e de veículos (art. 1.431, parágrafo único).

O penhor comum, como de resto, todos os demais penhores, são direitos reais *mobiliários*. Nem todos os móveis, entretanto, mesmo sendo alienáveis, são passíveis de serem empenhados na forma de penhor comum. Os navios e as aeronaves são, sem a menor dúvida possível, móveis, porque se removem "por força alheia, sem alteração da substância ou da destinação econômico-social" (art. 82 do Código Civil). No entanto, são bens hipotecáveis (art. 1.473, VI e VII). Com isto, há óbice para que sejam empenháveis. Os veículos são móveis mas a empenhabilidade é na forma de penhor de veículos. Assim, algum móvel pode ser objeto de outra forma especial de penhor, não estando sujeito a penhor comum. Neste entendimento, o móvel objeto do penhor comum é o que resta, não alcançado por outra forma de penhor ou hipoteca.

A constituição do direito real de penhor comum, com alguma raridade, pode se dar por via testamentária. Pontes de Miranda (*Opus cit.*, Vol. XX, p. 422) admite esta modalidade: "Ou o testamento unilateralmente constitui o penhor, ou unilateralmente outorgou poderes para a constituição dele". A doutrina não rejeita a hipótese desta constituição *causa mortis*. Também se constitui o penhor comum mediante usucapião. Existe, neste direito real, o desenvolvimento da posse que, sendo prolongada, sem oposição e ininterrupta, e preenchida do *animus* qualificado, alcançará, pela passagem do tempo, a usucapião do penhor comum. Lenine Nequette ("Da Prescrição Aquisitiva", *Coleção Ajuris* nº 17, 3ª edição, 1981, p. 91 e 115) sustenta, logicamente, a possibilidade de usucapir o penhor comum.

A forma normal de constituir o penhor comum é a por ato *inter vivos*, isto é, mediante ato negocial convencionado entre devedor e credor. A forma especial indicada no artigo 108 do Código Civil é inexigida porque não se está constituindo direito real sobre imóveis. No entanto, a manifestação de vontade dos contratantes deve ser através de instrumento, normalmente particular, porque o instrumento de penhor "será registrado no Cartório de Títulos e Documentos" (art. 1.439). O conteúdo do contrato, inclusive, está explicitado no artigo 1.424, cujos requisitos serão examinados mais adiante. No momento, é de se examinar se a necesidade de registro do contrato tem o significado de fator de constitutividade do direito real, dependente a eficácia *erga omnes* do referido registro.

No Código Civil, como regra geral, a constituição do direito real mobiliário exige, como fator de constitutividade, a *tradição* (art. 1.226). Mas o registro do penhor comum no Cartório de Títulos e Documentos é explicitamente determinado. A Lei de Registros Públicos (Lei nº 6.015/1973, art. 127, II) a tal registro se refere. Concluímos, no entanto, que referido registro vale como publicidade e segurança material do instrumento constitutivo, nada tendo a ver com a eficácia de direito real. O registro com este objetivo, "para surtir efeitos em relação a terceiros", é indicado no artigo 129 da LRP e, em seu rol, não consta o penhor comum. Deste modo, a eficácia de direito real do penhor comum independe de registro; basta a tradição.

O acordo de transmissão, pertinente à convenção bilateral constitutiva de penhor, configura-se no instrumento do contrato. Suas características e cláusulas devem retratar, sem dúvida, a estrutura jurídica do direito real de penhor, dele se extraindo o vínculo real do bem dado em garantia sujeito ao cumprimento da obrigação. No entanto, há um mínimo de conteúdo informativo, sem o qual o contrato não terá eficácia. Quatro são os requisitos básicos a serem explicitados no contrato: 1) o valor do crédito, sua estimação ou valor máximo. Não são três dados a serem informados, concomitantemente. É um ou outro, conforme as condições da negociação. Ou o valor do crédito, ou o valor estimado ou o valor máximo; 2) o prazo fixado para o pagamento; 3) a taxa de juros, se houver; 4) o bem dado em garantia com suas especificações (art. 1.424).

A fixação do prazo para o pagamento da dívida contraída atende ao interesse das partes e ao acordo de vontades. No entanto, este prazo, fixado e certo no contrato, sofre os efeitos de situações previstas em lei responsáveis pelo vencimento antecipado da vítima. Entendemos que devedor e credor podem, no contrato, criar outras situações de antecipação do vencimento. Entretanto, as constantes da lei são, no momento da contratação, intocáveis. A dívida se vence antecipadamente quando: a) havendo deterioração ou depreciação do objeto de garantia, o devedor se omitir de reforçá-la ou substituí-la; b) o devedor cair em insolvência ou falir; c) o bem for desapropriado; d) o bem dado em garantia perecer e não for substituído; e) as prestações não forem pontualmente pagas (art. 1.425, I a V).

A antecipação da dívida não pode provocar outro prejuízo ao devedor, além do próprio fato da antecipação. Quando a dívida é paga através de prestações, ou em outra situação qualquer, nas prestações convencionadas podem já estarem embutidos juros pelo prazo concedido. Havendo a antecipação, o devedor estaria pagando juros pelo prazo que, face à antecipação, não utilizou. O legislador, no artigo 1.426, dispôs normativamente de forma a evitar excesso: nas hipóteses "de vencimento antecipado da dívida, não se compreendem os juros correspondentes ao tempo ainda não decorrido". A solução, que antecipa o vencimento da dívida, é a medida para punir o inadimplemento do devedor. Jamais deve servir para cobrança de excessos, o que ocorreria se os juros referidos não fossem excluídos.

Deve, ainda, constar do contrato a taxa de juros, *se houver*. Esta previsão obrigatória é forma de se evitar a existência de juros extorsivos, com ofensa ao artigo 406 do Código Civil. O juro máximo é de 1% (um por cento) ao mês, conforme se lê no artigo 161, § 1°, do Código Tributário Nacional. Não mais do que isto. Ou as partes, no comum dos contratos, fazem constar esta taxa de juros, ou taxa menor, ou silenciam e a taxa seria de 1% ao mês. Isto em todos os casos menos nos contratos de penhor. Pelo que está escrito na lei civil, o contrato declarará a taxa de juros, *se houver*. O fato da convenção bilateral não explicitar a taxa de juros é porque *a negociação é sem juros*. É isto que, tranqüilamente, se lê no artigo 1.424, III. Outra qualquer leitura não segue o espírito da norma jurídica.

O bem dado em garantia deve ser perfeitamente individuado. Todas as especificações relativas ao móvel objeto do penhor devem constar do contrato, tornando fácil a sua identificação. Ninguém realiza penhor sobre *uma* televisão, sem que ela esteja devidamente individuada quanto à sua marca, polegadas da tela e todos os dados que a identificam. O penhor é sobre *a* televisão objeto da tradição. No momento em que, findo regularmente o penhor, há a restituição do objeto do direito real, o que se devolve é *a* televisão e não *uma* televisão. Fundamentais, portanto, são as especificações do bem dado em garantia, principalmente para o momento do exercício, pelo credor pignoratício, do *direito de excussão*.

Da relação jurídica de natureza real, que enche o contrato de penhor, nascem direitos e obrigações para o credor pignoratício, a maioria já examinados. Torna-se, porém, neste momento, conveniente enfatizar certos aspectos ainda não anotados. Conforme já referido, por exemplo, o credor pignoratício se titulariza na posse direta da coisa empenhada, tendo a custódia do bem. Por isso, tem a faculdade/dever de defender a posse da coisa empenhada, diante de esbulhos, turbações e ameaças que a coisa sofrer, fazendo o devido comunicado a respeito do fato ao dono do bem. E mais: tem obrigação de ressarcir ao dono a perda ou deterioração referentemente ao bem resultantes de sua culpa, podendo, inclusive, haver compensação com a dívida, "até correspondente quantia" (art. 1.435, I e II).

O credor pignoratício tem, ainda, direito de se ressarcir dos prejuízos que sofrer por vício da coisa empenhada. As hipóteses em que tal pode acontecer são as mais variadas possíveis. Identicamente, faz jus à indenização pelas despesas devidamente justificadas que tiver realizado e em que não tenha participado com qualquer grau de culpa. Enquanto não for indenizado, garante-se-lhe o *jus retentionis*. Em outras palavras, tendo que restituir, por findo o penhor real, a coisa dada em garantia e não tendo sido ressarcido das despesas devidamente justificadas, tem *direito de retenção* sobre a posse do bem até o efetivo ressarcimento (art. 1.433, II e III). A restituição do bem dado em penhor, outrossim, quando efetivada, é com frutos e acessões (art. 1.435, IV). Em tese, o credor pignoratício não tem direito à fruição.

Possuidor direto que é, o credor pignoratício deve se comportar como *depositário* (art. 1.435, I). O depositário, como é consabido, não faz jus aos frutos da coisa que deposita (art. 629). No entanto, diz o artigo 1.433, V, que o credor pignoratício tem o direito de "apropriar-se dos frutos da coisa empenhada que se encontra em seu poder".

Parece haver uma incongruência entre normas do mesmo Código Civil. A incorência, contudo, é simplesmente aparente. O *apropriar-se* tem, no artigo citado, o sentido de assenhorear-se, por cobrança antecipada de créditos que terá. Significa simplesmente que ele se apossa dos frutos e até os pode usar mas não equivale a direito de percepção. Ele se apropria antes do tempo compensatoriamente, pois é obrigado a imputá-los nas despesas de guarda, de conservação, nos juros e no capital da obrigação garantida (art. 1.435, III).

Conforme já tivemos oportunidade de ver, o credor pignoratício exerce, quando há o inadimplemento da dívida pelo devedor ou em situação em que haja o vencimento antecipado da vítima, o *direito de excussão*. Uma das hipóteses em que o vencimento é antecipado é quando há efetiva deterioração ou depreciação do objeto da garantia, sem que o devedor a reforce ou substitua. O legislador, entre os direitos do credor pignoratício, estabeleceu mais uma hipótese de vencimento antecipado com o conseqüente direito de excutir, desde que autorizado judicialmente, caso haja "receio fundado de que a coisa empenhada se perca ou se deteriore", o que só se impedirá se a garantia for substituída, ou se "oferecendo outra garantia real idônea" (art. 1.433, VI). O valor da venda realizada deverá ser depositado.

O exame do penhor comum, que se está realizando em seus aspectos principais, oportuniza, por derradeiro, o estudo das hipóteses que resultam na extinção do direito real. O artigo 1.436 as elenca, uma a uma. O jurídico, porém, é anotar que, qualquer que seja a causa, só se produz o efeito da extinção desde o momento em que, no Cartório de Títulos e Documentos, houver o cancelamento do registro, feito anteriormente. Embora o referido registro não tenha força de fator de constitutividade, na extinção o cancelamento é necessário para que o registro não contenha uma informação incorreta. As causas são várias, conforme passaremos a examinar.

A primeira causa que leva à extinção do penhor é *extinguindo-se a obrigação*. O penhor em relação à obrigação é coisa acessória e, por isso, desaparecendo a obrigação também desaparece o penhor. Há várias hipóteses de extinção da obrigação: pagamento integral da dívida, remissão ou perdão da dívida integral, a anulação do crédito ou a obrigação garantida. Discute-se, em combate altamente técnico, se a prescrição da dívida principal, opera ou não a extinção do penhor. J. M. de Carvalho Santos (*Código Civil Brasileiro Intepretado*, Vol. X, 11ª edição, Freitas Bastos, 1978, p. 222) entende que sim, enquanto, em posição contrária, Pontes de Miranda (*Opus cit.*, Vol. XXI, p. 114) é pela negativa. Como se vê, a matéria é polêmica.

A prescrição, sem dúvida, só alcança a acionabilidade do direito; não o direito material em si. Na linguagem do novo Código Civil, a prescrição extingue é a pretensão. Ora, não é um equívoco se sustentar que a prescrição não extingue a obrigação principal. O que a obrigação *prescrita* garante é a não acionabilidade contra o devedor; somente isto. Por isso, Pontes de Miranda sustenta que "no direito brasileiro não se pode opor ao titular do direito real de garantia exceção de prescrição *da dívida*; pode-se opor a exceção da prescrição da *ação real*". A posição técnica do mestre Pontes é impugnável.

Também é causa de extinção do penhor o *perecimento da coisa*. No penhor, o imóvel é a garantia que fica sujeita, por vínculo real, ao cumprimento da obrigação. Sem móvel, inexistem a garantia e a vinculação real. Isto demonstra ser o móvel dado em garantia elemento fundamental e indispensável à estrutura do penhor constituído. *Perecer* é, numa primeira compreensão, perder ou ver esgotada a sua substância material. É o conceito de perecimento físico. A perda do bem empenhado, ou ele ficar em lugar de onde não poderá ser retirado, ou sua destruição total, irrecuperável qualquer valor econômico, são formas jurídicas de perecimento. Tal ocorrendo, a conseqüência é, identicamente, a extinção do penhor real.

Nem todo perecimento, todavia, leva à extinção do penhor. A matéria já foi estudada anteriormente. O bem empenhado pode estar segurado contra riscos do perecimento. Realizando-se o risco previsto no contrato, haverá o pagamento de indenização securitária. De outro lado, a destruição total da coisa dada em garantia pode ter resultado de ação de terceiro, agindo culposamente. Forma-se a responsabilidade civil subjetiva e o terceiro tem que ressarcir todo prejuízo havido, indenizando o dano integral. Como já vimos, tanto na indenização securitária como na indenização por responsabilidade civil, sub-rogam-se todos os direitos do credor pignoratício. Nestas duas hipóteses, o penhor não se extingue pelo exercício, pelo credor, do *direito de sub-rogação*. Em todos os demais casos, há a extinção do penhor real.

Outra situação de extinção do penhor é a *renúncia do credor*. O ato de renúncia pode ser expresso ou presumido. O *expresso* se dá de forma unilateral, por instrumento sem necessidade de haver forma especial, em que o credor pignoratício declara desistir da garantia real, mantendo-se a existência da dívida, agora com a natureza de simplesmente pessoal. É, como se vê, ato de desistência com intenção abdicativa. O *presumido* é quando a renúncia é extraída da conduta do credor pignoratício, por conflitante a conduta realizada com a intenção de manter a garantia. A presunção, que é *juris tantum*, nasce das condutas indicadas no § 1º do artigo 1.436: consentir o credor na venda particular do bem sem reserva do preço, restituir a posse do bem empenhado ao devedor ou anuir com a substituição por outra garantia.

Também se extingue o penhor *confundindo-se na mesma pessoa as qualidades de credor e de dono da coisa*. Na compreensão de qualquer direito real de penhor, contém-se em sua estruturação jurídica um vínculo real que une o bem dado em garantia, necessariamente do domínio do devedor ou de terceiro, a uma dívida que titularize o credor. No momento em que a mesma pessoa tem o domínio do bem empenhado e a titularidade do crédito, não há que se falar mais em penhor, porque todo penhor deve ser sobre coisa alheia. No momento em que credor e devedor são a mesma pessoa, desaparece a relação de crédito-débito. Só não haverá a extinção, se a confusão é quanto à parte da dívida (art. 1.436, § 2º).

A última causa de extinção não importa na necessidade de interpretação, porque a sua cuidadosa leitura contém todos os dados necessários à compreensão do normatizado: a *adjudicação, remição e venda amigável da coisa empenhada*, feita pelo credor ou por ele autorizada.

8.3. Penhor rural

Não há uma diferenciação completa entre *penhor rural*, que passamos a examinar a partir de agora, e o penhor comum, cujo estudo enfrentamos no subitem anterior. Em muitos pontos eles se assemelham, sem apresentar diferenças. Nossa intenção não é, repetir, desnecessariamente, o que já foi examinado a título de penhor comum e que incide no penhor rural. Optamos por uma primeira orientação. Explicitar, neste início de comentários, tudo que significa diferença – e elas existem – entre os dois penhores. Tais destaques, temos certeza, passam a aclarar, útil e convenientemente, o penhor rural. Pode-se defini-los como dois institutos gêmeos, ambos sendo direitos reais de garantia, mas portadores de especificidades, principalmente o rural, que identificam cada um deles e, entre eles, desassemelham.

A utilização do penhor rural não é por opção ampla e livre das partes. A espécie da dívida, ou sua destinação econômica, não impõem a *ruralidade* do penhor. A atividade profissional das partes também desimporta. Elege-se a utilização do penhor rural pelas espécies de bens dados em garantia. Uma jóia ou um relógio jamais serão objeto da empenhabilidade rural. O penhor rural pode ser *agrícola* ou *pecuário*. Nesta última modalidade, o pecuário, o objeto do penhor só pode ser "animais que integram a atividade pastoril, agrícola ou de lacticínios" (art. 1.444). Como se observa, a espécie do bem a ser empenhado é que define a modalidade do penhor. Os animais acima não podem ser empenhados em qualquer outra espécie de penhor, inclusive no penhor comum. E o penhor rural *agrícola*?

O artigo 1.442 faz a indicação do que pode compor o objeto da empenhabilidade rural agrícola: "máquinas e instrumentos de agricultura; colheitas pendentes, ou em via de formação; frutos acondicionados ou armazenados; lenha cortada e carvão vegetal; e animais do serviço ordinário do estabelecimento agrícola". Afora estes bens, inadmite-se o penhor agrícola, que não deixa de ser rural. A regra, como se vê, está bem disposta e, acrescida à do penhor pecuário, confirma a primeira dessemelhança entre o penhor comum e o rural. Neste, os bens empenháveis são taxativamente indicados em lei e, no penhor comum, a empenhabilidade é do que resta de bens não empenháveis pelos penhores especiais e excluídos os que, embora móveis, sejam hipotecáveis.

Faz-se um parêntese para uma observação importante. Todos os bens passíveis de serem ruralmente empenhados são partes que se incorporaram em imóvel (art. 79), na qualidade de pertenças ou não (art. 92). A hipoteca do imóvel atrai, para a garantia, os bens, pelo fato da acessoriedade. Mesmo assim, podem ser objeto de penhor rural, sem que haja prévia anuência do credor hipotecário, visto que, pela lei, há a garantia da preferência, sem que se restrinja a extensão da hipoteca (art. 1.440). A garantia pignoratícia é pelo que sobeja, após a preferência hipotecária.

Voltemos às diferenciações. O Código Civil de Bevilacqua, no artigo 769, *in fine*, dizia que "no caso de penhor agrícola ou pecuário... os objetos continuam em poder do devedor, por efeito da cláusula *constituti*". Por isso, afirmava Pontes de Miranda (*Opus cit.*, Tomo XX, p. 448) "que os chamados penhores sem posse são penhores em que o titular do direito de penhor é possuidor mediato. O constituto possessório serve a isso". O Dec.-Lei nº 167/1967, que tratava da matéria, diz em seu artigo 17, que "os bens apenhados continuam na *posse imediata* do emitente ou do terceiro prestante da garantia real..." (*os grifos são nossos*). A conclusão era a mesma. No penhor rural, o credor pignoratício se titularizava na posse mediata, ou indireta. O novo Código Civil operou uma transcedental alteração.

Ao dizer no artigo 1.431, parágrafo único, que, no penhor rural, "as coisas empenhadas continuam em poder do devedor", sem falar em constituto possessório ou em posse direta, ou imediata, deixou com o devedor a posse plena dos bens dados em garantia, sem realizar o desmembramento possessório. Como conseqüência, o credor pignoratício fica sem qualquer espécie ou grau de posse, relativamente aos bens oferecidos em garantia. Aqui, outra diferença entre penhor comum e penhor rural. No penhor comum, a posse se desmembra, ficando com o credor a posse direta e com o devedor, a indireta. No penhor rural, o devedor fica com a posse plena e, por não haver desmembramento, o credor pignoratício não tem posse.

O entendimento de que o devedor, no penhor rural, necessita estar na posse dos bens dados em garantia para, trabalhando-os, alcançar sucesso em sua atividade agrícola ou pecuária, é tranqüilo. Se os bens, na forma do penhor comum, fossem entregues à posse direta do credor pignoratício, como o devedor prestaria sua atividade profissional e conseguiria o economicamente necessário para sua sobrevivência e pagar a dívida? A posse ficar com o devedor é forma de operacionalizar o exercício da atividade rural. Nem por isso o credor pignoratício restará inerte. A lei civil codificada estabeleceu o que se pode denominar de *direito de inspeção*: "Tem o credor direito a verificar o estado das coisas empenhadas, inspecionando-as onde se acharem, por si ou por pessoa que credenciar" (art. 1.441).

O penhor rural é, assim como o penhor comum, *temporário*. Mas não aquela temporariedade que advém pelo fato de não ser perpétuo, como se afirma no penhor comum. A temporariedade do penhor rural é conseqüência dele ter prazo certo e determinado. Com efeito, o penhor agrícola somente será convencionado pelo prazo máximo de três anos, enquanto o penhor pecuário o será por quatro anos, também no máximo. Ambos os prazos são prorrogáveis, uma só e única vez, "até o limite de igual tempo" (art. 1.439). O penhor comum, sem dúvida, tem fixação de prazo (art. 1.424, II) mas não há limite máximo previsto em lei. É outro aspecto que, objetivamente, os diferencia.

Uma última diferença de relevante importância concerne ao fator de constitutividade. Como já examinado, o penhor comum, embora a necessidade do registro no Cartório de Títulos e Documentos, adquire a natureza de direito real pela *tradição*, conforme a regra geral da constituição dos direitos reais mobiliários. No penhor rural, inocorre qualquer tradição. O fator de constitutividade é outro. Lê-se, no artigo 1.438, que a constituição do direito real de penhor rural se dá mediante convenção registrada "no Cartório de Registro de Imóveis da circunscrição em que estiverem situadas as coisas empenhadas". Sem o registro no cartório imobiliário competente não há a eficácia *erga omnes*, sem a qual não subsiste qualquer direito real.

Com este conjunto de diferenciações, tem-se um entendimento inicial do que é penhor rural. Mais do que isto, nas especificidades apresentadas estrutura-se a composição e a natureza do direito real em estudo. Tendo todos estes elementos como balizadores, tudo que se disse nos subitens 8.1 e 8.2, aplica-se no penhor rural *desde que caiba*, subsidiariamente. *Caber*, ou obedecer à subsidiariedade, é aplicação de regras desde que compatíveis com as diferenciações e a natureza do instituto jurídico.

Há, porém, algumas observações a acrescentar. O contrato de penhor referido no artigo 1.424, IV, declara que o bem dado em garantia deve ser indicado com todas suas especificações. Qualquer depreciação do bem, reduzindo-se seu valor econômico, tem a conseqüência do reforço, pena de antecipação da dívida. No penhor pecuário, o legislador ofereceu uma solução mais ágil. Os animais que morrerem, uma forma de perecimento parcial, são substituídos por animais da mesma espécie que forem adquiridos pelo devedor, pois ficarão subrogados no penhor (art. 1.446). No penhor agrícola que recaia sobre colheita pendente, ou em via de formação, no caso de frustrar-se ou for insuficiente a que foi dada em garantia, esta garantia passa a abranger a colheita imediatamente seguinte (art. 1.443).

Qualquer que seja o penhor rural, agrícola ou pecuário, "o devedor poderá emitir, em favor do credor, cédula rural pignoratícia, na forma determinada em lei especial" (art. 1.438, parágrafo único). A Lei nº 492/1937 tratava da cédula rural pignoratícia em seus artigos 15/19, que foram abrogados pela Lei nº 3.253/1957, que passou a tratar inteiramente a matéria. O Dec.-Lei nº 167/1967 revogou, expressamente, a Lei nº 3.253/1957, por força do seu artigo 79. Hoje, a lei especial que trata da cédula rural pignoratícia é o Dec.-Lei de 1967, já referido, em seus artigos 9º a 13. A cédula rural pignoratícia é um título civil, líquido e certo, que circula por endosso, equivalente a promessa de pagamento em dinheiro, em crédito garantido pelo penhor rural.

8.4. Penhor industrial ou mercantil

Pontes de Miranda (*Opus cit.*, Vol. XXI, p. 69) faz uma observação necessária à compreensão do problema, referindo-se a um penhor constituído por instrumento público ou particular: "o artigo 2º do Dec.-Lei nº 1.271, de 16 de maio de 1939, é de alta importância porque rege – por força dos Decretos-Leis posteriores, que criaram outros penhores industriais – todos os penhores industriais". O Dec.-Lei nº 413/1969, no entanto, em seu artigo 66, revogou expressamente o Dec.-Lei nº 1.271, sem ter criado um novo penhor industrial. O que fez foi instituir um financiamento concedido por instituições financeiras, por meio de cédula de crédito industrial, à pessoa física ou à jurídica que se dedicassem à atividade industrial. O penhor industrial deixou de existir no ordenamento jurídico brasileiro.

A Lei nº 6.840, de 3 de novembro de 1980, seguindo a orientação da época, estabeleceu operações de empréstimo concedidas por instituições financeiras à pessoa física ou à jurídica que se dedicassem à atividade comercial ou de prestação de serviços, através de cédula de crédito comercial. Assim como no Dec.-Lei nº 413/1969, o que se constituía era uma forma *cedular* de garantia de dívida. Ficava sem existência o que hodiernamente se denomina de penhor mercantil. Determinando se lhe aplicassem as normas do Dec.-Lei de 1969, nas duas hipóteses aplicavam-se "os preceitos legais vigentes sobre penhor (comum), no que não colidirem com o presente Decreto-Lei" (art. 23), o de nº 413/1969.

O penhor industrial e mercantil revitalizou, linhas gerais, o tema tratado pelo Dec.-Lei nº 1.271/1939, revogado desde 1969. O penhor, que passamos a estudar, obedece a seis pressupostos substanciais: a) o ato negocial ou convenção bilateral que, entre partes contratantes, estabelece o penhor industrial ou mercantil. Exige-se simplesmente instrumento público ou particular; b) o fator de constitutividade que dá ao ajuste entre as partes a eficácia de direito real. O fator de constitutividade é o registro no Cartório de Registro Imobiliário da circunscrição onde estejam situadas as coisas empenhadas; c) os bens empenhados, como se verá mais abaixo; d) a vinculação real dos bens à dívida garantida; e) a posse plena dos bens que se mantém com o devedor, sem haver desmembramento possessório (art. 1.431, parágrafo único); f) a possibilidade do devedor emitir, a favor do credor, cédula do respectivo crédito.

Quanto aos bens empenháveis no penhor industrial e mercantil, segue-se o princípio da reserva legal. A lei indica, de forma taxativa e não exemplificativa, os bens que podem ser objeto do penhor ora em estudo: "máquinas, aparelhos, materiais, instrumentos, instalados e em funcionamento, com os acessórios ou sem eles; animais, utilizados na indústria; sal e bens destinados à exploração das salinas; produtos de suinocultura, animais destinados à industrialização de carnes e derivados; matérias-primas e produtos industrializados" (art. 1.447).

A estruturação jurídica do penhor industrial e mercantil, face a seus pressupostos, dão as linhas mestras desta espécie de penhor. Todavia, tudo que se disse anteriormente sobre penhor comum e penhor rural, nos subitens que antecedem a este, se aplica no penhor de que estamos tratando naquilo *que couber*, não conflitando nem com suas especificidades nem com sua natureza jurídica.

8.5. Penhor de direitos e títulos de crédito

No ordenamento jurídico brasileiro, o penhor pode ter como objeto *direitos e créditos*. Melhor explicitando, direitos que, além de cessionáveis, são sobre coisas móveis e créditos devidamente titulados. O penhor não é, porém, nem sobre os móveis sobre os quais os direitos recaiam nem sobre os títulos representativos dos créditos. São – é necessário que se firme esta compreensão – sobre *direitos* e *créditos*, bens sem qualquer composição material. Ambos são bens incorpóreos. Coelho da Rocha (*Instituições de Direito Civil*, Vol. II, Saraiva, 1984, p. 357), em livro escrito em 1844, admitia a empenhabilidade, dizendo que "as ações e créditos podem ser empenhados". Identicamente Lafayette (*Direito das Coisas*, Vol. II, Rio, 1977, p. 9), em livro editado em 1877, diz que podem ser objeto de penhor "as coisas incorpóreas".

Na atualidade, indiscutível que tais bens são empenháveis por força de lei, que os caracteriza como móveis. O artigo 83 do Código Civil considera móveis para os efeitos legais "II – os direitos reais sobre os objetos móveis e as ações correspondentes; III – os direitos pessoais de caráter patrimonial e respectivas ações". Lembra-se que o penhor é mobiliário. Na doutrina, não há dissenso quer sobre a mobiliariedade do penhor quer sobre a empenhabilidade das coisas corpóreas. Não há, repete-se, o penhor do título ou dos móveis; somente do crédito e dos direitos, que devem estar qualificados pela titulação e por recairem sobre móveis. Voltaremos a examinar estes aspectos quando do estudo do fator constitutivo e da possibilidade de desmembramento possessório no penhor de direitos e títulos de crédito.

A constituição desta espécie de penhor, seja a que tenha por objeto direitos como a que tenha créditos, se realiza através de instrumento público ou particular tendo por objeto direitos e, mediante instrumento público ou particular ou, ainda, endosso pignoratício, se o penhor é de crédito, com a *tradição*. Esta tradição, referida legalmente, é *tradição simbólica*, face à incorporeidade do objeto do penhor. No penhor de direitos, fala-se que o instrumento que o estabelece deve ser "registrado no Registro de Títulos e Documentos" (art. 1.452). Este registro, porém, não tem a finalidade de dar à relação jurídica a eficácia contra terceiros. Neste, também, a constitutividade é gerada pelo elemento *tradição*. A esta conclusão se chega com a leitura dos artigos 129 da Lei de Registros Públicos e 1.226 do Código Civil.

A tradição do bem empenhado para o credor pignoratício se dá com a transmissão da posse do bem, do devedor para o credor. E aqui a presença de um aparente problema. Os *direitos* em si não são suscetíveis de serem possuíveis. Esta posição já fora firmada no Código Civil de 1916 e foi fortemente assentada no atual Código Civil. A incorporiedade do *crédito* é impeditiva de realização possessória. Como se estruturar a tradição? Serviu-se o legislador da *tradição simbólica*. Transmitindo-se o título representativo do crédito ou se transmitindo os documentos comprobatórios dos direitos, se está, por ficção jurídica, se transmitindo os bens incorpóreos e se realizando a tradição (arts. 1.452, parágrafo único, e 1.458).

A transmissão da posse efetivada não é definitiva, para todo sempre. É posse transmitida por algum tempo, temporariamente. Em tese, extinto regularmente o penhor, os bens empenhados devem ser restituídos ao devedor. Posse nestas condições e presente o regramento do artigo 1.197 do Código Civil, nada mais é que desmembramento possessório. Em outras palavras, o credor pignoratício passa a se titularizar da posse direta, ficando o devedor pignoratício com a posse indireta. Tudo se dá, neste tipo de penhor, como ocorre no penhor comum. Posse mediatizada para o devedor e imediata para o credor, com uma única ressalva: "salvo se (o devedor) tiver interesse legítimo em conservá-los" (art. 1.452, parágrafo único).

Os bens empenháveis no penhor que ora estamos examinando, na condição de títulos de crédito, são vários, entre os quais os títulos nominativos da dívida da União, Estados e Municípios, desde que não sujeitos à cláusula da inalienabilidade, o que ocorre, identicamente, com os demais títulos, porque a inalienabilidade impede o direito de excussão; os títulos de crédito pessoal, entre eles os títulos de crédito civil, comerciais, ações de companhia, etc. Exceção se faz ao *título ao portador*, conforme magistério de J. M. de Carvalho Santos (*Opus cit.*, Vol. X, p. 190) e de Pontes de Miranda (*Opus cit.*, Vol. XX, p.

403), porque o crédito, estando incorporado no próprio título e sendo bem corpóreo, a empenhabilidade é através do penhor comum.

No penhor de direitos e títulos de crédito, outrossim, as partes do ajuste contratual são duas – devedor pignoratício e credor pignoratício – mas há a necessária participação de um terceiro, que é o devedor do título dado em garantia. Para melhor compreensão, os três participantes podem se denominar: credor pignoratício; devedor pignoratício e credor, ao mesmo tempo, do título empenhado; e o devedor do título dado em garantia. As relações jurídicas entre estes participantes é que compõem o penhor ora em estudo e seu desenvolvimento no mundo dos negócios. Vejamos, de modo objetivo, este relacionamento em alguns aspectos principais do instituto para se compreender a necessidade da existência de três participantes.

Tem o credor pignoratício, no penhor de títulos de crédito, uma série de direitos/obrigações. Exemplificando: a) a eficácia do penhor constituído depende de ser o devedor do título empenhado notificado da existência do penhor e intimado para que não pague o seu credor, que é o devedor pignoratício, enquanto se mantiver o penhor; b) praticar os atos necessários à conservação e à defesa do direito empenhado, cobrando juros, acessórios da garantia e o principal, este tão logo vencido; c) manter a posse do título, com a utilização, ante esbulhos, turbações e ameaças, das pertinentes ações possessórias; d) usar dos meios judiciais para assegurar seus direitos e os direitos do devedor pignoratício quanto ao título empenhado; e tanto outros deveres expressos ou convenientes ao exercício do penhor.

O penhor de direitos e de títulos de crédito, face à tradição do bem empenhado para o credor pignoratício, tem alguma parecença com o penhor comum. Deste modo, priorizadas as normas constantes dos artigos 1.451 a 1.460 do Código Civil, rapidamente examinadas *retro*, e a subsidiariedade que se vem em todos os casos acentuando, o que consta dos subitens 8.1 e 8.2, a título de Introdução e de Penhor Comum, se lhe aplica, *no que couber*. Em outras palavras, há o direito de excussão, o direito de reforço, o impedimento de cláusula comissória, o vencimento antecipado da dívida, os casos de extinção de penhor, etc.

8.6. Penhor de veículos

Juridicamente, nada impedia que, ao tempo da vigência do Código Civil de 1916, alguém, como devedor, fizesse penhor comum apresentando como bem dado em garantia um veículo. Tratava-se de um móvel, e sua pretensão se adequaria à lei. O impedimento era outro. O artigo 769 do Código Civil de Bevilacqua dizia: "Só se pode constituir penhor com a posse de coisa móvel pelo credor..." Tal exigência, deixando o devedor pignoratício, o *dominus* do veículo, somente com a posse *indireta*, sem poder usar o veículo, tornava inconveniente o penhor comum, principalmente quando o veículo era de uso necessário para seu dono. As outras espécies de penhor da época, em que o devedor ficava com a posse do bem empenhado, não admitiam a empenhabilidade do veículo. O novo Código Civil criou o penhor de veículos, afastando o inconveniente referido.

O novo diploma civil definiu como veículos os que fossem "empregados em qualquer espécie de transporte ou condução" (art. 1.461): automóvel, ônibus, *jeep*, caminhão, etc. Há uma exigência posta em lei. Só se pode dar o veículo em penhor, se ele estiver previamente segurado contra furto, avaria, perecimento e danos causados a terceiros (art. 1.463). A exigência do seguro, cobrindo os riscos referidos, é forma de melhor garantir o credor pignoratício no penhor, porque a indenização paga pelo seguro servirá para quitar a dívida em dinheiro. É verdade que nenhum artigo do Código Civil diz expressamente que a posse do veículo se mantém com o devedor, que é seu proprietário. No entanto, a interpretação que se faça dos artigos 1.464 e 1.465 – direito de inspeção do veículo pelo credor e ser este comunicado da alienação ou mudança do veículo empenhado – só é compatível com a não-posse do credor pignoratício.

O penhor de veículos constitui-se através de instrumento público ou particular, em que se promete pagar a dívida garantida que fica, por vínculo real, assegurada pelo valor econômico do veículo objeto do direito real. Todavia, o instrumento que estabelece o penhor deve ser "registrado no Cartório de Títulos e Documentos do domicílio do devedor, e anotado no certificado de propriedade" (art. 1.462). Indaga-se: qual a finalidade do registro? Tem o exclusivo interesse de dar segurança ao instrumento para que ele não se extravie, visto que a eficácia real já nasce pela simples convenção bilateral, ou, traduzindo a simples relação *pessoal*, o registro atua para, como fator constitutivo, garantir-lhe a eficácia do direito real, com a validade *erga omnes*?

A Lei de Registros Públicos (Lei nº 6.015/1973) deslinda a questão. Com efeito, em seu artigo 129, 7º, há a determinação de registro, no Cartório de Títulos e Documentos, das "quitações, recibos e contratos de compra e venda de automóveis, bem como o penhor destes qualquer que seja a forma que revistam". E, no próprio artigo 129, é dita a razão pela qual há o registro: "para surtir efeitos em relação a terceiros". A eficácia contra terceiros é o sinal distintivo dos direitos reais. Na lei, este objetivo, que traduzimos como confortador de fator constitutivo do direito real, está muito claro. Há, inclusive, o artigo 127 da mesma Lei que elenca outra série de registros com o só objetivo de segurança material, não tendo força constitutiva de direito real.

Estas observações feitas ao penhor de veículos, com base nos dispositivos de lei, serve para demonstrar sua estruturação jurídica, eficácia e natureza. São os princípios básicos que o caracterizam com suficiência. Considerado este aspecto, tudo que foi dito até agora acerca de penhor, seja o comum ou os demais estudados, pode servir à disciplina regulamentadora de tal espécie de penhor. Basta o seu confronto com as regras atinentes ao penhor sobre veículos para se saber, caso a caso, a subsidiariedade, aplicação que é sempre *no que couber*, o que normativamente incide, por compatível com esta nova modalidade de penhor. Sem dúvida, o direito de excussão, o direito de preferência, o princípio de indivisibilidade e outros mais são aplicados, simplesmente *por caberem*.

8.7. Penhor legal

O penhor legal, conforme dita o artigo 1.467 do Código Civil, se constitui por força de lei, independentemente da convenção entre as partes. O penhor se forma *ope legis*, com a concordância das partes, sem o consenso entre elas e, normalmente, até contra a vontade do devedor. Nesta espécie de penhor, nem todo credor pode realizá-lo, nem toda dívida dá direito a empenhabilidade legal, nem todos os bens podem ser objeto de penhor, nem todo o devedor poderá ingressar no penhor legal. A especificidade do penhor legal está em que só determinadas pessoas podem se titularizar no dito penhor ou serem devedores nele. Só determinadas dívidas possibilitam a sua constituição e só determinados bens podem ser objeto deste penhor. É o que se verá a partir de agora, caso a caso.

Como é consabido, em todo o penhor há a participação necessária de duas pessoas: o credor e o devedor, ambos qualificados como pignoratícios. Há, na execução do penhor, uma relação jurídico-obrigacional subjacente. No penhor legal, duas relações jurídicas podem se formar: a) a entre hospedeiros, ou fornecedores de pousada e alimentos e seus consumidores e fregueses. A doutrina chama a atenção que os fornecedores de pousada e alimentos e os hospedeiros devem ser profissionais, com prestação habitual da atividade e não eventualmente; b) a entre o dono de prédio rústico ou urbano e os rendeiros ou inquilinos do imóvel. Outras pessoas que não se harmonizem com esta situação, não são pessoas que satisfaçam o penhor legal.

Na situação sob letra (a), a dos hospedeiros ou fornecedores de pousada e alimentos, a causa da dívida e os bens empenháveis serão, respectivamente, as despesas de consumo que, na hospedagem ou na pousada, os consumidores ou fregueses fizerem e não pagarem, e as bagagens, móveis, jóias e dinheiro que tiverem consigo em tais locais. Na situação sob letra (b), a causa da dívida é o não pagamento de aluguéis e rendas do prédio rústico ou urbano e, como objeto empenhável, os móveis que o devedor tiver guarnecendo o prédio. O locatário, ou inquilino, pode impedir a constituição do penhor através de caução idônea (art. 1.472).

A efetivação do penhor legal pode ser realizada na via extrajudicial, sempre que haja urgência face o perigo na demora. Tomado o penhor, o credor ajuizará cautelar específica para homologá-lo judicialmente. Homologado, pode o credor ajuizar ação de execução para se cobrar da dívida. Caso não haja a homologação, o bem empenhado será liberado, entregando-se-o ao devedor. O credor não fica impedido de cobrar a dívida pela via ordinária.

9. Hipoteca

9.1. Estruturação

A hipoteca, que também é um direito real de garantia, se estrutura quando alguém, como devedor hipotecário, concede a outrem, na qualidade de credor hipotecário, como garantia, determinado bem de sua propriedade, bem este que fica sujeito, por vínculo real, ao adimplemento de uma obrigação, criada na relação obrigacional entre devedor e credor. Como exceção, o bem hipotecado pode ser dado por terceiro. Neste rápido conceito, destacam-se o que podemos denominar de elementos estruturais, cuja presença é essencial à formação do direito real hipotecário. São os seguintes: a) o bem hipotecado; b) a dívida garantida; c) o vínculo real; d) a efetiva garantia; e) as partes contratantes, que são o devedor hipotecário que, pessoalmete, assume a dívida, e o credor hipotecário, que garante seu crédito com o bem dado em garantia.

O bem hipotecado, normalmente, é imóvel, que assim o seja por natureza, acompanhando-o, necessariamente, os acessórios partes integrantes e, facultativamente, se houver expressa convenção, os acesórios pertenças. A indicação dos bens caracterizados pela hipotecabilidade está no artigo 1.473, I, mais o domínio direto e domínio útil, que se desmembram na enfiteuse (itens II e III), as estradas de ferro e os recursos minerais do subsolo, independentemente do solo (itens IV e V). Estes bens levariam a hipoteca à característica da imobiliariedade. No entanto, como exceção, também são hipotecáveis, embora por natureza móveis, os navios e as aeronaves (itens VI e VII), cuja hipoteca se rege por lei especial, e não pelo Código Civil.

Há uma diferença jurídica a acentuar entre o que são acessórios partes integrantes e acessórios pertenças, expressões comuns na doutrina técnica mas que o Código Civil de Bevilacqua não contemplara expressamente como o atual Código o faz (art. 93). *Acessório parte integrante* é tudo que for, pelo homem, incorporado permanentemente no solo e cuja retirada causa destruição, alteração, fratura ou danificação. A hipoteca de imóvel necessariamente engloba seus acessórios partes integrantes, mesmo que a eles não se refira. Os *acessórios pertenças* também são mantidos no solo e "se destinam, de modo duradouro, ao uso, ao serviço e ao aformoseamento" (art. 93) e, por isso, são retiráveis sem destruição, modificação, fratura ou danificação. Só são hipotecáveis com o solo se as partes convencionarem.

Normalmene, a dívida é em dinheiro, com existência concomitante à do estabelecimento da garantia hipotecária. No entanto, a dívida garantida pode, em relação à época de constituição da hipoteca, ser eventual, futura, e não em dinheiro. Tal ocorre, por exemplo, na caução imobiliária, nas relações locatícias. O que importa, no dizer de J. M. de Carvalho Santos (*Código Civil Brasileiro Intepretado*, Vol. V, 11ª edição, Freitas Bastos, 1978, p. 266), é a circunstância de haver concomitância da dívida e da hipoteca "no momento da exigibilidade". No mínimo, como deve constar do contrato de hipoteca, para que este tenha eficácia, deve haver estimação da dívida ou de seu valor máximo (arts. 1.424, I, e 1.487).

O que quer significar o *vínculo real*? O bem hipotecado deve ser certo e determinado, perfeitamente individuado e especializado, no ato constitutivo. As hipotecas gerais e ilimitadas, aquelas que garantem a preferência do crédito em todos os bens imóveis de propriedade do devedor, estão proscritas do ordenamento jurídico nacional. O vínculo real é a garantia da dívida ser paga no vencimento e, caso tal não ocorra, retira-se do bem dado em hipoteca o que for necessário para a satisfação da dívida assumida. É vínculo real porque vincula o adimplemento da dívida à coisa dada em hipoteca e devidamente individuada. Também é vínculo real porque sua eficácia é *erga omnes*.

O que garante, outrossim, efetivamente, a obrigação principal é a substância do bem dado em garantia, o seu valor econômico, o suscetível de ser extraído em dinheiro no momento de ser excutido. O valor venal do bem hipotecado contém a efetiva garantia. Como é consabido, o devedor hipotecário não está impedido de alienar o imóvel hipotecado. O Código Civil de 2002 diz, inclusive, em seu artigo 1.475, que "é nula a cláusula que proibe ao proprietário alienar o imóvel hipotecado". Como fica, em caso de alienação do imóvel hipotecado, a efetiva garantia? É de se lembrar que a hipoteca, como direito real, está informada pelo *direito de seqüela*, ou *inerência*, no sentido de que o vínculo real acompanha o bem onde estiver e com quem o deter.

O direito real de hipoteca regulado pelo Código Civil se constitui por ato *inter vivos*, através de negócio jurídico. Considerando-se, como observado anteriormente, tratar-se de constituição de direito real imobiliário, exige-se a forma especial da escritura pública, com a ressalva se for hipoteca sobre imóvel de valor igual ou inferior a trinta vezes o maior salário mínimo federal vigente no País (art. 108). Há outra exceção ainda, admitindo-se o instrumento particular, em relação àqueles contratos em que forem partes entidades que integram o SFH, conforme se lê no artigo 61, § 5º, da Lei nº 4.380/1964. As hipotecas de navios e aeronautas não se disciplinam, conforme já acentuado, pela lei civil codificada.

O contrato firmado dá às relações jurídicas estabelecidas a natureza de direito simplesmente pessoal. Não vale *erga omnes* nem é, ainda, direito real. A eficácia do direito real, face à imobiliariedade, depende de registro no Registro de Imóveis, na circunscrição imobiliária competente (art. 1.227). Não bastasse isto, há norma específica no artigo 1.492: "As hipotecas serão registradas no cartório do lugar do imóvel, ou no de cada um deles, se o título se referir a mais de um", inclusive com a especialização dos bens, o que é fundamental. Contrato de hipoteca não registrado conforme a lei só vale entre as partes contratantes como direito pessoal. Observa-se a existência de uma questão final a examinar no presente subitem. O contrato de hipoteca tem um conteúdo mínimo para ter eficácia.

O artigo 1.424 do Código Civil indica o clausulamento mínimo que a avença contratual deve conter. Além do mínimo, podem as partes preceituar outras cláusulas desde que não infringentes à lei. Já tivemos oportunidade de examinar a matéria no Capítulo 8, no subitem 8.2, ao tratar do contrato de penhor. Não há necessidade de reestudar a matéria; basta se adaptá-la, substituindo o termo *penhor* por *hipoteca*. Neste sentido, relativamente ao conteúdo de hipoteca, remetemos o leitor para aquela passagem doutrinária. É o suficiente para seu entendimento.

9.2. Características

A hipoteca tem características próprias, havendo necessidade de serem enfatizadas, porque melhor explicam tal espécie de direito real.

Nela se desvenda a *acessoriedade*. A hipoteca não tem autonomia. Impossível, ou impensável, existir hipoteca sem que haja uma dívida, ou obrigação, por ela garantida. Neste direito real, a dívida garantida tem a natureza de *principal*, enquanto a hipoteca é o *acessório*. Em outros termos, é o que dita o artigo 92 da lei civil codificada em vigor. O artigo 1.499, I, confirma a acessoriedade, ao dizer se extinguir a hipoteca pela extinção da obrigação principal. Atua, aqui, o princípio de que o acessório segue o principal.

A hipoteca também segue o princípio da *indivisibilidade*. A garantia hipotecária se impregna em todas as partes e em todas as moléculas do bem, ou dos bens, dados em garantia, trazendo como reflexo a manutenção da garantia em relação a todos os bens hipotecados mesmo que a dívida venha a diminuir pelo pagamento em parte. É uma espécie de metástase. Há exceções, porém: "salvo disposição expressa no título ou na quitação" (art. 1.421). Pouco importa que a indivisibilidade leve à desproporcionalidade entre valor econômico do bem hipotecado, que continua o mesmo, e a dívida garantida, que é diminuída. Esta desproporcionalidade pode ocorrer, e até ocorre, no início da hipoteca e só serve para dar mais garantia ao direito real de que se trata.

A hipoteca não se afigura como perpétua; é *temporária*. No máximo, se mantém por vinte anos. O artigo 1.485 não deixa margem à dúvida. Conheçamos a sua redação: "Mediante simples averbação, requerida por ambas as partes, poderá prorrogar-se a hipoteca, *até perfazer vinte anos*, da data do contrato. Desde que perfaça este prazo, só poderá subsistir o contrato de hipoteca, *reconstituindo-se por novo título e novo registro*, e, nesse caso, lhe será mantida a precedência, que então lhe competir" (*os grifos são nossos*). A conclusão parece evidente. Se a hipoteca somente subsistirá se for reconstituída por *novo* contrato e *nova* especialização (novo registro), tudo que se referia aos anteriores título e registro, afora a precedência, se extinguiu.

O anterior Código Civil tinha regra semelhante mas o prazo que previa era de trinta anos (art. 817). A Lei de Registros Públicos dizia a mesma coisa (art. 238). A doutrina denominava esta ineficácia, pela passagem do tempo, de *usucapião de liberdade*, de *preclusão* ou de *perempção*. Com a entrada em vigor do Código Civil de 2002, o prazo de vinte anos passou a disciplinar todas as situações, tornando automaticamente ineficaz todas as hipotecas que já tivessem alcançado vinte anos? O artigo 2.028 passou a regular a matéria: "Serão os da lei anterior os prazos, quando reduzidos por este Código, e se, na data de sua entrada em vigor, já houver transcorrido mais da metade do tempo estabelecido na lei revogada".

A hipoteca tem outra característica específica, que é a da *extensibilidade*, conforme regra o artigo 1.474, em sua parte inicial: "A hipoteca abrange todas as acessões, melhoramentos e construções no imóvel..." Esta extensibilidade atua na época da constituição da hipoteca e também em relação às acessões, melhoramentos e construções posteriores, ou supervenientes. Assim as acessões resultantes de aluvião, avulsão, etc., edificações, benfeitorias, etc. Mesmo o contrato a elas não se referindo, elas se incluem na garantia. Não se incluem, porém, na hipoteca, por força da extensibilidade superveniente, as adjunções e acessórios pertenças. Tais exclusões merecem observações a respeito.

As *adjunções* são terrenos ou construções, que significam economia diversa e que o devedor, voluntariamente, anexou ao bem hipotecado (Tito Fulgêncio, *Direito Real de Hipoteca*, Vol. I, 2ª edição, Forense, 1960, p. 137). Os *acessórios pertenças* já foram definidos no subitem 9.1 e nada mais é do que aquilo que compõe a coisa fictamente, por destinação econômica e por vontade do homem, se e enquanto dita vontade se mantiver. Há possibilidade de sua separação material do imóvel, porque não causa destruição, alteração, fratura ou danificação.

Conforme sustentava Pontes de Miranda (*Opus cit.*, Vol. XX, p. 70) e em ensinamento perfeitamente aplicável no novo Código Civil, "não basta hipotecar o imóvel para que hipotecadas fiquem as pertenças. O que a lei permite é que conjuntamente se hipotequem" e, mais objetivamente, "é preciso que no ato constitutivo se diga que as pertenças se incluem e quais sejam, e conste da inscrição". Assim, nem os acessórios pertenças já existentes, se não constarem expressamente do título, nem os supervenientes são alcançados pela regra da extensibilidade.

9.3. Direitos básicos instrumentais

Denominamos de direitos básicos instrumentais aqueles direitos portados, ou pelo credor hipotecário ou pelo devedor hipotecário, durante o transcurso da hipoteca para que haja o seu regular desenvolvimento. São quatro em seu total e, inclusive, foram examinados no subitem 8.1, a título de *Introdução* ao penhor. Mesmo havendo perigo de, examinando-os aqui, poder haver repetição, entendemos necessário o estudo direcionando-o diretamente ao instituto do direito real hipotecário. Assim como no penhor, na hipoteca há situações de vencimento antecipado da dívida. Quais os direitos que titulam credor e devedor neste momento crucial do desenvolvimento da hipoteca?

Em algumas hipóteses, oportuniza-se ao devedor hipotecário a utilização de uma medida que obstaculiza a antecipação do vencimento, retornando a hipoteca a seus prazos normais. Se o imóvel dado em hipoteca se deteriorar, se depreciar ou perecer, o seu valor econômico, que é a efetiva garantia na hipoteca, fica desfalcado. O credor vê diminuída sua garantia. A antecipação do vencimento não é uma conseqüência automática. O devedor deve ser intimado pelo credor para reforçar, ou substituir, a garantia. O *direito de reforço*, faculdade entregue ao devedor hipotecário, traz como conseqüência a impossibilidade da dívida ser antecipada, porque houve o restabelecimento da garantia.

Em outras situações, o perecimento do bem hipotecado vai provocar a substituição daquilo que fora garantia por indenização em dinheiro. Tal ocorre, de início, em duas hipóteses. Estando o imóvel hipotecado segurado contra determinados riscos e ocorrendo o sinistro com o perecimento do bem dado em hipoteca, a seguradora deverá pagar a indenização contratada. Em outro exemplo, por ação culposa de terceiro, ou por responsabilidade objetiva, o terceiro deverá ressarcir, através da indenização, todo o prejuízo ocasionado. Numa terceira e última hipótese, com a desapropriação do imóvel, o Poder Público deve pagar justa indenização. Nestas três ocorrências, o credor hipotecário exercerá o que se denomina de *direito de sub-rogação*, forma de buscar seus direitos sobre o valor das indenizações.

O não-pagamento, outrossim, da dívida em seu vencimento, entrando o devedor em mora, oportuniza que o credor hipotecário, para se cobrar de seu crédito, ajuíze a ação de execução, extraindo do bem hipotecado o valor econômico para seu pagamento. Como solução possível, poderá haver a dação em pagamento, embora vedado clausular que o inadimplemento do devedor se transforme na transferência do domínio do bem hipotecado para o credor hipotecário (art. 1.428). O direito do credor ajuizar a ação para se cobrar de seu crédito, é o que se denomina de *direito de excussão*, que nada mais é que promover a venda judicial do bem dado em garantia, para a efetiva cobrança.

Em se tratando, todavia, de hipoteca do SFH, há a excussão por venda judicial, disciplinada pela Lei nº 5.741/1971, e por venda extrajudicial, referida no Dec.-Lei nº 70/1966. O artigo 1º da Lei de 1971 diz ser "lícito ao credor promover a execução, de que tratam os artigos 31 e 32 do Dec.-Lei nº 70/1966, ou ajuizar a ação executiva na forma da presente lei". Para qualquer uma destas formas de execução não basta o simples atraso de uma só prestação. A Lei nº 8.044/1990, em seu artigo 21, exige o atraso de pagamento de três ou mais prestações. Diante de todos estes dados, não vemos como sustentar o direito de ação de execução na forma do Código de Processo Civil, porque se assegurou ao devedor hipotecário do SFH a inadimplência de até dois meses sem execução.

Insere-se, por fim, no direito de se cobrar da dívida de que é credor, a preferência no pagamento relativamente a outros credores (art. 1.422). O *direito de preferência* é aquele que garante que, excutido o bem hipotecado, o credor hipotecário não concorre com outros credores. Esta preferencialidade, porém, não tem caráter de absoluta; é notadamente relativa. É o que dita o parágrafo do artigo. Um exemplo é suficiente. O artigo 186 do Código Tributário Nacional não diz que "o crédito tributário prefere a qualquer outro, seja qual for a natureza ou o tempo da constituição deste, ressalvados os créditos decorrentes da legislação do trabalho". Assim, não tem o crédito tributário preferência concernentemente aos créditos de tributos federais, estaduais, distritais ou municipais.

9.4. Hipoteca legal

É a lei a causa geradora da hipoteca legal. Nesta, não há que se falar em convenção, ou manifestação de vontade das partes. O consenso ou dissenso do credor e do devedor hipotecários desimportam. O que vale é a determinação, ou impositividade, da lei. A hipoteca legal se forma até contra a vontade do devedor. Por isso, se diz que, na hipoteca legal, a lei equivale ao título, no sentido de que a situação prevista legalmente é que tem força genética no aparecimento da hipoteca legal. Logicamente, num ordenamento jurídico como o nosso, em que as denominadas hipotecas gerais são inadmitidas, a lei sozinha não dá a necessária eficácia à hipoteca legal.

Assim como, na hipoteca convencional, não basta o contrato, se fazendo necessários as especificações quanto ao bem dado em garantia (art. 1.424, IV) e o registro imobiliário (art. 1.492), na hipoteca legal deve se acrescer à situação prevista na lei outros dados. Com efeito, o artigo 1.497 diz que "as hipotecas legais, de qualquer natureza, deverão ser registradas e especializadas". Assim entendido, e não há entendimento diverso possível, a hipoteca legal se constitui pela junção de três elementos: o título, que é a situação prevista na lei, *mais* a especialização *mais* a inscrição imobiliária. Necessário, como conseqüência, ao bom estudo da matéria, o exame destes três elementos.

No Código Civil vigente, as *situações descritas* como de hipoteca legal, em número de cinco, estão no artigo 1.489. Assim, fazem jus à hipoteca legal, a) as pessoas de direito público interno em relação aos imóveis que pertençam aos encarregados de cobrança, guarda ou administração dos respectivos fundos e rendas; b) os filhos sobre os imóveis do pai ou da mãe que, antes de fazer o inventário do casal anterior, passar a outras núpcias; c) o ofendido, ou seus herdeiros, sobre os imóveis do delinqüente para satisfação do dano causado pelo delito e pagamento de despesas judiciais; d) o co-herdeiro para se garantir de seu quinhão ou torna de partilha, sobre o imóvel adjudicado ao herdeiro reponente; e) o credor sobre o imóvel arrematado, para garantia do pagamento do restante do preço da arrematação.

O elenco do artigo 1.489 não compõe *numerus clausus*, isto é, não possui caráter exaustivo. O que se extrai da norma é a obediência ao princípio da *reserva legal*. Não é *numerus apertus*, que vige no Direito das Obrigações. É o que garante que os casos de hipoteca legal devem estar previstos em lei federal e, considerada a competência da matéria, em lei complementar. Obviamente, pode existir em texto constitucional. Inadmitem-se, por via de conseqüência, a utilização de analogia ou de interpretação ampliativa. Se a lei fala em pessoas jurídicas de direito público interno, não é possível, por conveniência, se alcançar as empresas públicas e as sociedades de economia mista, a não ser que a lei diga expressamente.

A hipoteca legal só adquire a eficácia contra todos, passando a significar direito real, após o registro e a especialização. O bom entendimento da exigência legal impõe uma indagação. O que significa, juridicamente, especialização? *Especializar-se* é ato tendente a se vincular um bem certo, determinado e individuado, com todas suas características, elementos definidos do registro imobiliário e da matrícula, como garantia para satisfação da dívida. É a opção de um determinado bem que, caracterizado com exatidão, serve, se necessário, à quitação da obrigação à qual se vinculou. Os outros bens não especializados respondem por quaisquer dívidas mas sem haver o direito de preferência ante outros credores.

A especialização da hipoteca está disciplinada no Código de Processo Civil, artigos 1.205-1.210, como procedimento especial de jurisdição voluntária. Não é técnico se examinar matéria processual em um livro dedicado ao direito material. Por isso, as informações se limitarão ao essencialmente necessário. O objetivo da *especialização judicial* é alcançar a estimativa da responsabilidade e a individuação do bem hipotecado, com a prolação da sentença e seu trânsito em julgado. Há a *especialização extrajudicial*: "Não dependerá de intervenção judicial a especialização da hipoteca legal sempre que o interessado, capaz de contratar, a convencionar, por escritura pública, com o responsável" (art. 1.210 do CPC).

A legitimidade para a especialização, embora se trate de matéria processual, está no Código Civil. Diz o § 1º do artigo 1.497 que o registro e a especialização cabem a quem está obrigado a prestar garantia ou ao Ministério Público, por solicitação. Trata-se de uma obrigação legal, cuja descumprimento pode levar a sérias conseqüências. Aqueles aos quais incumbe o registro e a especialização das hipotecas legais, caso se omitam, responderão por perdas e danos (art. 1.497, § 2º). Outrossim, o credor da hipoteca legal, ou quem o represente, pode, querendo, desde que prove a insuficiência dos bens especializados, exigir que outros bens do devedor sejam hipotecados (art. 1.490). Se a situação tal exigir, a omissão do devedor em reforçar a garantia sujeita-o a perdas e danos, identicamente.

O registro, na circunscrição imobiliária competente, é o fator de constitutividade do direito real e o elemento definidor, na extensão e grau, do direito de preferência. A partir do registro é que nasce o direito real. Inclusive, por opção legislativa, várias normas que existem na Lei de Registros Públicos foram transportadas para a lei civil codificada. Como se lê no artigo 182 da Lei nº 6.015/1973, "todos os títulos tomarão, no Protocolo, o número de ordem que lhes competir em razão da seqüência rigorosa de sua apresentação". No Código Civil, complementa-se que "o número de ordem determina a prioridade, e esta a preferência entre as hipotecas" (art. 1.493, parágrafo único). Mas há questões a deslindar.

Sendo duas ou mais hipotecas, ou hipoteca e outros direitos reais, relativos ao mesmo imóvel mas titulando pessoas diversas, com escrituras datadas do mesmo dia e apresentadas a registro também no mesmo dia, só haverá registro se elas "indicarem a hora em que foram lavradas" (art. 1.494), valendo como critério para ordem de registro a data marcada. Caso não haja a indicação da hora, a prioridade se dará pela prenotação no Protocolo, "protelando-se o registro das apresentadas posteriormente, pelo prazo correspondente a, pelo menos, um dia útil" (art. 191 da Lei de Registros Públicos).

Outra hipótese a examinar é quando se apresentar para registro, escritura de hipoteca que faça referência à constituição de hipoteca anterior, ainda não registrada. O Oficial do Registro fará a prenotação mas sobrestará seu registro por até trinta dias, aguardando a inscrição da anterior. Decorrido o trintídio sem registro da anterior, "a hipoteca ulterior será registrada e obterá a preferência" (art. 1.495). Instalando-se, outrossim, dúvida, em qualquer hipótese, sobre a legalidade do registro pretendido, a prenotação será efetivada. Se, em noventa dias, a dúvida for julgada improcedente, efetua-se o registro considerando-se a prenotação feita. Caso contrário, cancela-se a prenotação e, se for o caso, haverá novo processo de registro (art. 1496).

A especialização, seja a judicial seja a extrajudicial, tem eficácia temporal determinada. A hipoteca legal também tem a característica de temporariedade. Sem dúvida, porque a situação prevista em lei vem qualificada de temporária. Mas o que se quer ressaltar aqui tem outro sentido. Feito o registro da hipoteca legal, enquanto se mantiver a obrigação, a hipoteca continua. Esta é uma espécie de temporariedade. Há outra, a que faz desaparecer a eficácia da especialização. O artigo 1.498 do Código Civil tem dois preceitos. Quanto ao último, regra-se que "a especialização, em completando vinte anos, deve ser renovada".

9.5. Extinção da hipoteca

Conseqüência de ser a hipoteca direito real temporário, sempre haverá o instante em que ela se extingue, ou desaparecendo como um todo ou desaparecendo a vinculação real que apaga a *realidade* do direito, a eficácia *erga omnes*, mantendo-se simplesmente a relação de natureza *pessoal* de débito-crédito. No ordenamento jurídico brasileiro, a extinção da hipoteca se complementa por uma causa, normalmente arrolada em lei, acrescida do cancelamento imobiliário, que é desconstitutivo. Em linhas gerais, a extinção da hipoteca significa a liberação da garantia real no que diz respeito ao vínculo, com eficácia contra todos, que tinha com a obrigação principal. Estudemos a matéria por partes. Quais são as causas que, elencadas ou não em lei, significam a raiz que gera o desfazimento do vínculo real?

O artigo 1.499 arrola seis causas que provocam a extinção da hipoteca: a extinção da obrigação principal, o perecimento da coisa, a resolução da propriedade, a renúncia do credor, a remição, a arrematação ou adjudicação. O elenco acima referido tem caráter exemplificativo; não há que se entendê-lo como taxativo. Há outras hipóteses encontradas no ordenamento jurídico. O artigo 1.500 admite outras causas, englobando-as na figura do cancelamento do registro, desde que haja prova suficiente, sem dizer quais são estas causas. Anotamos, como exemplo, a existência de duas causas extintivas: o distrato e a consolidação. O *distrato* é o desfazimento do próprio contrato hipotecário. Distratado, tudo que era em conseqüência do contrato registrado deixa de sê-lo, voltando ao *statu quo ante*.

Também pode se arrolar a situação em que o credor, por razões fático-jurídicas diversas, passa a ser o *dominus* do prédio, ou dos prédios, dados em garantia. Ninguém pode, juridicamente, constituir garantia sobre seu próprio bem em relação a crédito próprio. Desta forma, ocorrendo a *consolidação*, a hipoteca necessariamente se extingue. Inadmissível garantia real sobre o próprio bem do credor hipotecário, o que ocorreria não fosse a consolidação. Além dos direitos reais limitados, entre os quais se localiza a hipoteca, serem, por força de lei, sobre bens *alheios*, a hipoteca sobre bem próprio vulneraria a teoria geral deste direito real. Que garantia seria esta que, não paga a dívida pelo devedor, o credor venderia seu próprio bem para, de seu valor econômico, se pagar? A consolidação é, induvidosamente, uma causa de extinção da hipoteca.

A primeira causa arrolada no artigo 1.499 é a *extinção da obrigação principal*. O fundamento jurídico da causa extintiva está na relação de *principalidade/acessoriedade* entre a obrigação garantida, que é o principal, e a hipotecabilidade constituída, que se apresenta como acessória. O artigo 92 do Código Civil, em sua segunda parte, diz ser *acessório* "aquele cuja existência supõe a do principal". Em outras palavras, sem o principal não há o acessório. Além do mais, não há formação de hipoteca sem a existência de obrigação garantida. Não se admitir, na hipótese, a extinção da hipoteca, é se admitir a possibilidade de a hipoteca poder existir, sem *nada* garantir, o que seria um absurdo jurídico.

A extinção da obrigação principal pode se configurar por diversas formas: pagamento integral da dívida pelo devedor; perdão ou remissão de toda dívida pelo credor, dação em pagamento, nulidade ou anulabilidade da obrigação principal declarada judicialmente, confusão, etc. A *confusão* é resultante de fenômeno jurídico que coloca a mesma pessoa como titular do débito e do crédito. Ela extingue a obrigação (art. 381 do Código Civil). O direito brasileiro não admite que alguém seja credor de si próprio. O único pagamento integral sem força para desconstituir é o feito por terceiro, nos termos do artigo 346, II, da Código Civil. Neste pagamento, a sub-rogação se opera, como dita a lei civil, de pleno direito.

O *perecimento da coisa* é a segunda causa extintiva do artigo 1.499. Se e enquanto o perecimento for total, como aconteceu em Itaipu, com os imóveis que ficaram submersos sob as águas, nenhuma dúvida quanto à extensão da causa. No entanto, no comum dos casos, as construções e benfeitorias que estão sobre o solo podem ser destruídas mas restar, como valor econômico, o terreno desnudado. Esta situação vai significar, quando muito, desvalorização do imóvel, solucionada com a utilização, pelo devedor, do direito de reforço. Uma indagação se exterioriza, porém. Quando estaremos diante do perecimento do imóvel? Pensamos que a situação só se compatibiliza com a devastação completa da área, desaparecendo, inclusive, o próprio solo. Como se observa, trata-se de hipótese improvável.

A *resolução da propriedade* (art. 1.499, III) pressupõe que o devedor, ou terceiro, deu em garantia o imóvel de que era proprietário resolúvel. O conceito de propriedade resolúvel está no artigo 1.359 do Código Civil. Em outro local (*Posse e Propriedade*, opus cit, p. 123), tivemos oportunidade de dizer: "a propriedade nasce com a prévia indicação de um fato, futuro e incerto, que, se realizando, a extingue. Assim, é propriedade que nasce sob o signo da provisoriedade, embora, se a condição não se realizar, ela se constituirá em perpétua". Os efeitos estão no próprio artigo 1.359, já referido: resolvida a propriedade, "entendem-se também resolvidos os direitos reais concedidos na sua pendência". Na hipótese, é o direito real de hipoteca que se resolve.

Outra causa de extinção é a *renúncia do credor*. É significativa de abdicação, ou desistência, de um direito, na hipótese do direito real de hipoteca. É manifestação de vontade unilateral, não havendo necessidade de consentimento do devedor. Há a exigência de escritura pública se a renúncia se referir à hipoteca sobre imóvel de valor superior a trinta vezes o maior salário mínimo federal vigente no País (art. 108 do Código Civil). Ser expressa e exigir formalidade solene, que não estava no Código Civil de 1916, contém-se, na atualidade, no vigente Código Civil. Impensável, portanto, como se pensava anteriormente, renúncia tácita, aquela que se concluía de atos e condutas do credor hipotecário. O artigo 134, II, do Código Civil de Bevilacqua, não fazia referência à *renúncia*; o artigo 108 atual fala em *renúncia de direitos reais imobiliários*.

A *remição na execução* também é causa de extinção da hipoteca, quando operada pelo *devedor hipotecário*. Tal remição é integral, porque sempre alcança a importância total da dívida, juros, custas e honorários advocatícios (art. 651 do CPC, art. 34, II, do Dec.-Lei nº 70/1966, e art. 8º da Lei nº 5.741/1971). Trata-se, como se observa, de pagamento total da obrigação principal. Por acessoriedade, como já visto, extingue a hipoteca. A remição operada por *sucessores* do devedor não pode ser parcial; necessariamente deve ser integral. Mas há a sub-rogação se o total for pago por um só sucessor ou herdeiro (art. 1.429 e parágrafo único do Código Civil). Neste último caso, a hipoteca não se extingue.

Também extinguem a hipoteca, como regra geral, a *arrematação*, que é medida processual exercida por terceiro na execução, e a *adjudicação*, realizada também na execução pelo credor hipotecário. No entanto, incide nas duas hipóteses a regra do artigo 1.501 do Código Civil, que diz não se extinguir a hipoteca, nestes dois casos, "sem que tenham sido notificados judicialmente os respectivos credores hipotecários, que não foram de qualquer modo partes na execução". A compreensão, portanto, é indiscutível. A arrematação e a adjudicação, na própria ação de execução hipotecária, extinguem a hipoteca. A notificação determinada é forma do credor hipotecário poder se defender, manifestando-se a respeito dos pedidos.

9.6. Hipoteca das vias férreas

As estradas de ferro, que se compõem de material fixo, edifícios e estações, são imóveis, nelas se incorporando, como partes integrantes, o material rodante, que são as locomotivas e vagões. A abrangência da hipoteca, tirante disposição contratual diversa, se circunscreve "à linha ou às linhas especificadas na escritura e ao respectivo material de exploração, no estado em que ao tempo da execução estiverem" (art. 1.504, *1ª parte*). Entenda-se, portanto, que o material fixo e também o material rodante, que são partes integrantes, se incluem necessariamente na hipoteca. Pontes de Miranda (*Opus cit.*, Vol. XX, p. 209), com inteira razão, diz que "as máquinas e vagões são partes integrantes...O bem cerne não é o vagão, nem a locomotiva; é o terreno com as linhas férreas".

Mas nem tudo na estrada de ferro é parte integrante; alguma coisa é acessório pertença. Os automóveis, o material de escritório e outros móveis estranhos à estrada de ferro, conforme registrados. Como não são partes integrantes, são pertenças. Como é da disciplina legal de qualquer hipoteca, as pertenças não se incluem, necessária ou automaticamente, no objeto da hipoteca. Como conseqüência, estão excluídas, a não ser que haja inclusão expressa por cláusula do contrato. Em resumo, portanto, o que se entender como acessório da estrada de ferro deve ser classificado ou como parte integrante ou como pertença. Para fins de inclusão como objeto da hipoteca e, notadamente, por força da regra da extensibilidade, esta classificação é importante.

As hipotecas de estradas de ferro por serem imobiliárias, dependem, para sua eficácia real e força *erga omnes*, de serem registradas na circunscrição imobiliária competente. Na hipoteca convencional, quando há mais de um imóvel dado em garantia, o registro se efetiva no cartório do registro de imóveis de cada um deles (art. 1.492). Poder-se-ia pensar que, em se tratando de estradas de ferro, o registro deveria se dar em todas as comarcas ou municípios por onde a linha hipotecada passasse. O legislador, entretanto, foi mais prático: "as hipotecas sobre as estradas de ferro serão registradas no (cartório de registro de imóveis do) Município da estação inicial da respectiva linha" (art. 1.502).

A hipoteca de que estamos tratando obedece à mesma disciplina normativa de qualquer outra hipoteca, conforme estudamos até agora. No entanto, tem especificidades que necessitam ser diferentemente tratadas. Na hipoteca convencional, o devedor mantém a posse do imóvel hipotecado, podendo livremente aliená-lo (art. 1.495) e administrá-lo com liberdade. Na hipoteca de estradas de ferro, qualquer venda ou fusão empresarial pode enfraquecer o valor econômico da estrada de ferro, que é a verdadeira garantia do credor hipotecário. Daí uma regra específica: "os credores hipotecários poderão opor-se à venda da estrada, à de suas linhas, de seus ramais ou de parte considerável do material de exploração, bem como à fusão com outra empresa, sempre que com isso a garantia do débito enfraquecer" (art. 1.504, *2ª parte*).

Daí não se pode chegar a uma interpretação que permita a intromissão dos credores hipotecários na administração da estrada de ferro. A empresa ferroviária terá a gestão da estrada de ferro de acordo com regras pertinentes que adotar, cumprindo as deliberações administrativas da diretoria, as modificações por ela determinadas, etc. Diz o artigo 1.503: "Os credores hipotecários não podem embaraçar a exploração da linha, nem contrariar as modificações, que a administração deliberar, no leito da estrada, em suas dependências ou no seu material".

O Código Civil de Bevilacqua tinha uma norma que, nas execuções hipotecárias das estradas de ferro, buscava beneficiar a União e os Estados, determinando que antes da assinatura da carta de arrematação ao maior licitante ou ao credor adjudicatário, fossem notificados os representantes da Fazenda Nacional ou do Estado a que coubesse preferência, "para, dentro em quinze dias, utilizá-la, se quiser, pagando o preço da arrematação, ou da adjudicação fixada" (art. 855). Esta norma, transferiu-se, em 1973, para o Código de Processo Civil, artigo 699, com a única alteração do prazo, que passou, de quinze, para trinta dias. Como a lei processual e a lei civil codificada são leis ordinárias e com a mesma nivelação hierárquica, pelo princípio da recentividade o prazo se definiu em trinta dias.

O novo Código Civil, no artigo 1.505, repetiu a norma do artigo 855 do Código de 1916, inclusive, no que interessa, no prazo de quinze dias. Retornou a desintonia do prazo, porque o artigo 699 do CPC falava em trinta dias. Um revogou o outro, só que agora a eficácia passou a ser de quinze dias, pelo mesmo princípio da recentividade. Todas as três normas, porém, determinam a notificação do representante da União *ou* do representante do Estado. Um só e não ambos. Qual o critério para opção? O da competência constitucional indicada no artigo 21, XX, letra *d*, e 25, § 1º, ambos da Constituição Federal.

10. Anticrese

10.1. Noções gerais

A origem do instituto da *anticrese* encontra-se na Grécia e teve utilização no Direito Romano. Sua configuração, porém, não era a mesma que se tem, hoje, no ordenamento jurídico brasileiro. Na Grécia e na sua utilização romana, a anticrese visava exclusivamente a compensar os frutos do imóvel do devedor com os juros referentes à sua dívida. O principal, contudo, é que a anticrese não tinha autonomia contratual. Era uma cláusula, um pacto adjeto, livremente colocado no contrato hipotecário ou no contrato pignoratício para garantia maior da dívida hipotecária e da dívida pignoratícia, forma de compensação dos juros da dívida pelos frutos do imovel hipotecado ou do bem dado em penhor. Reafirma-se, assim, este aspecto clausular da anticrese; não tinha existência autônoma.

A cláusula anticrética nunca teve ampla aceitação no direito português colhido em suas Ordenações. As Manuelinas admitiram-na entre enfiteuta e senhorio direto, vedando-a, porém, entre outras pessoas. O legislador lusitano via na cláusula anticrética uma disposição usurária. As Ordenações Filipinas tinham a mesma orientação. Admissão expressa de tal cláusula somente entre enfiteuta e senhorio direto, mas diziam explicitamente que "sendo feito semelhante apenhamento entre outras pessoas, que não seja o foreiro e o senhorio, tal contrato de apenhamento feito com cláusula, que o credor haja em salvo as rendas e frutos da coisa apenhada, até ser pago de sua dívida, será usurário, e haverão os contratantes as penas de usurários contidas neste título" (Livro IV, Título LXVII).

No Brasil, mesmo após sua independência, as Ordenações Filipinas continuaram vigorando. Por isso, a compreensão clausular da anticrese, limitada ao contrato de enfiteuse, se manteve. Em 1864, vai haver uma grande alteração normativa. A Lei nº 1.237, de 24.9.1864, ao reformar a legislação hipotecária, elencou entre os ônus reais (hoje, direitos reais limitados), em obediência ao princípio do *numerus clausus*, a anticrese (art. 6º). O Decreto nº 169-A, de 19 de janeiro de 1890, se orientou no mesmo sentido (art. 6º). A anticrese, como direito real limitado, se autonomizava. Não era mais pacto adjeto. Libertava-se, assim, das limitações ditadas pelas regras gregas e romanas. Adquiria nova roupagem jurídica.

O Código Civil de 1916, além de elencar a anticrese como direito real (art. 674, VIII), disciplinou-a nos artigos 805 a 808. Enfrentou, inclusive, o problema da compensabilidade que, na Grécia e em Roma, era unicamente de frutos da coisa com os juros da dívida. A garantia do pagamento do principal se buscava na hipoteca ou no penhor, conforme o caso. O Código Civil bevilacquano admitia a compensação da *dívida* pelos frutos e rendimentos do imóvel dado em anticrese (art. 805, *caput*) ou a compensação "somente à conta de juros" (art. 805, § 1º). Configurava-se, assim, a anticrese como um instituto jurídico modernizado, um direito real de garantia novo que, no entanto, não teve aplicabilidade no ordenamento jurídico brasileiro. Seu uso, como garantia real, tem sido ínfimo.

A anticrese, no atual Código Civil, pode ser definida como o direito do credor se pagar de seu crédito, ou dos juros dele, através dos frutos da coisa dada em garantia pelo devedor. Não é direito real de garantia em que, para satisfação da dívida garantida inadimplida, se satisfaça do valor do bem dado em garantia, transformando-o em dinheiro, como na hipoteca e no penhor; é direito real de garantia em que a satisfação do principal e/ou dos juros se dá pelos frutos da coisa dada em anticrese. Em princípio, a anticrese serve para o recebimento de frutos e rendimentos em compensação da dívida, se permitindo estipular que o recebimento de frutos e rendimentos seja à conta de juros. Todavia, para evitar usura, dispõe-se que se o valor dos juros "ultrapassar a taxa máxima permitida em lei para as operações financeiras, o remanescente será imputado ao capital" (art. 1.506, § 1º).

À melhor compreensão da anticrese e sua diferença da hipoteca, é que o imóvel em si, por ser usável e frugífero, tem dois valores econômicos distintos. O *primeiro*, o que se refere à própria substância da coisa, à sua configuração material, que pode, por força da venda judicial ou extrajudicial, se converter em dinheiro. Este valor econômico do bem é aquele que, no direito de hipoteca, está garantindo a dívida constituída e, face o inadimplemento do devedor, concede ao credor o direito de excussão e preferência (art. 1.422). O *segundo*, é o que se refere à sua fruibilidade. É este valor que, na anticrese, garante a dívida e/ou os juros correspondentes. O resultante da fruição e dos rendimentos é que serve para, de modo prestacionado, pagar a dívida. Por isso, o direito do credor é o de retenção do imóvel (art. 1.423).

O credor anticrético, pelo simples fato da anticrese, não tem direito de excussão. Tem direito de executar o devedor anticrético porque o contrato de anticrese é titulo executivo extrajudicial (art. 585, III, do Código de Processo Civil), assim como o são a nota promissória, a letra de câmbio, a duplicata, etc. Só por isso há o direito de excutir e não por ser credor anticrético. Daí dizer o artigo 1.509, § 1°, que "se executar os bens por falta de pagamento da dívida..., não terá preferência sobre o preço". Como credor anticrético, na constituição da anticrese o imóvel é *entregue* ao credor, que sobre ele exercerá a posse direta, restando ao devedor anticrético a posse indireta. À posse direta do credor soma-se o direito de retenção.

Anota-se, por fim, nesta parte introdutória que se faz do direito real de anticrese, que os valores econômicos do imóvel, o referente ao valor da substância e o relativo ao valor do conjunto da fruição, podem servir, de direito de garantia, ao mesmo tempo. O que se quer evidenciar é que o imóvel dado em anticrese pode ser por seu dono dado em hipoteca, assim como o imóvel hipotecado, concomitantemente, pode ser dado em anticrese, acrescentando-se que a relação jurídica de débito/crédito pode ser formada com pessoas diferentes. Esta possibilidade nasce por lógica do fato das garantias serem diferenciadas. Além do mais, há norma jurídica autorizativa (art. 1.506, § 2°).

10.2. Elementos integrativos da anticrese

A configuração jurídica da anticrese no ordenamento jurídico brasileiro depende de alguns requisitos: a) transferência da posse direta de determinado bem, de um devedor para um credor, nada obstando que, como exceção, o bem dado em anticrese seja transferido por terceira pessoa (art. 1.506); b) vínculo real criado entre o bem transferido e a dívida reconhecida, vínculo este configurativo da garantia, com eficácia contra todos, em relação à dívida; c) recebimento dos frutos e dos rendimentos do bem, pelo credor, para se compensar no pagamento da dívida ou dos juros desta resultantes; d) direito de retenção em favor do credor, titular da posse direta, como instrumento útil para cobrança da dívida ou dos juros.

No direito brasileiro, o direito real de anticrese sempre teve por objeto imóvel, o assim tido pela natureza em conjunto, necessariamente, com suas partes integrantes e, contratualmente, se assim as partes quiserem, com os acessórios pertenças. A indicação de sua imobiliariedade estava no artigo 805 do Código Civil de Bevilacqua e se insere no artigo 1.506 do Código Civil de 2002. Contudo, o § 2º do artigo 805 do Código Civil de 1916 teve sua redação alterada pelo § 2º do artigo 1.506 do atual Código, redação esta que pode alimentar uma dúvida quanto à imobiliariedade. Diz: "Quando a anticrese recair sobre bem imóvel..." Este, que foi um pequeno cochilo do legislador, não está admitindo a anticrese de móvel.

O imóvel suscetível de ser objeto de anticrese é aquele possível de ser alienado. É o que dispõe a parte final do artigo 1420. É o que tem suscetibilidade de ser frugífero. A inalienabilidade obsta a constituição da anticrese e não ser frugífero impede que o credor receba frutos e rendimentos para compensá-los com a dívida e juros. O artigo 1.420, em sua parte inicial, também é impeditivo de que constitua anticrese quem não possa alienar. Todavia, se este impedimento é porque quem deu em anticrese não era dono do imóvel, era um *non dominus*, há a ressalva do § 1º do referido artigo 1.420: "A propriedade superveniente torna eficaz, desde o registro, as garantias reais estabelecidas por quem não era dono". O dispositivo saneia o vício.

O direito de retenção já foi anteriormente referido, devendo ser agora seu estudo complementado. Ele é exercido enquanto a dívida não for paga. No entanto, como se trata de um direito temporário, a lei define a temporariedade. O *jus retentionis* se extingue "decorridos quinze anos da data de sua constituição" (art. 1.423). Entenda-se que o direito de retenção, elemento essencial da anticrese, não se estende a outras dívidas estranhas à garantia anticrética, que possam existir entre as mesmas partes. Contudo, perfeitamente possível que o direito de retenção se forme por outra razão jurídica. É de se lembrar que a posse do credor anticrético é posse de boa-fé, sem qualquer vício objetivo ou subjetivo.

Embora, diante da finalidade da posse que exerce, não ser direito do credor anticrético fazer benfeitorias no imóvel, há uma hipótese em que ele é obrigado a fazê-la. Ele responde pelas deteriorações que, por sua culpa, o imóvel sofrer. Na sua obrigação de conservar o bem dado em anticrese, deve realizar as benfeitorias necessárias. Estas, após feitas pelo credor anticrético, devem ser ressarcidas ao devedor que, enquanto não indenizado, lhe assiste o direito de retenção (art. 1.219). Deste modo, o prazo de quinze anos opera a extinção do direito de retenção exercido pelo fato da anticrese mas o direito de retenção, enquanto não indenizada a benfeitoria necessária, se mantém.

O direito do credor anticrético ao recebimento dos frutos e rendimentos do imóvel, para compensação na dívida e/ou nos juros, é quanto a toda fruição natural ou civil. Por isso, salvo vedação do pacto constitutivo, pode o credor anticrético arrendar os bens dados em anticrese a terceiro e os aluguéis que perceber do arrendatário são compensáveis, conforme o contratado, na dívida e/ou nos juros (art. 1.507, § 2º). Além do mais, responde o credor anticrético pelos frutos e rendimentos que deixar de receber, por sua culpa, conforme explicita a *parte final* do artigo 1.508. Temos para nós que a forma do credor anticrético responder é fazer ingressá-los na compensação. Contudo, a extensão do compensável será constatável em demanda judicial, a não ser que as partes entrem em acordo. Voltaremos ao assunto.

10.3. Constituição

O direito real de anticrese só se constitui com a soma de três elementos: o título que o estabelece, a transferência da posse direta para o credor anticrético e o registro imobiliário na hipótese do estabelecimento *inter vivos*. Genericamente, admite-se a constituição da anticrese por *causa mortis*, mais propriamente a forma testamentária. Esta modalidade de constituição é afirmada por Pontes de Miranda (*Opus cit.*, Vol. XXI, p. 149). Na aquisição da anticrese por testamento, dispensa-se, como fator constitutivo, o registro na circunscrição imobiliária competente. Porém, a transferência da posse direta se mantém fundamental.

Admissível, também, a constituição através da usucapião, conforme sustentamos em outro local (*Usucapião*, 6ª edição, 1992, Aide, p. 56). No mesmo sentido, era a posição doutrinária de Lenine Nequete (*Da Prescrição Aquisitiva – Usucapião, opus cit.*, p. 115). Conforme se vem afirmando em vários momentos, o fator constitutivo na aquisição *ad usucapionem* se dá com o implemento de todos os requisitos necessários à usucapibilidade. Como conseqüência, não há que se falar para a constitutividade do direito real de anticrese através da usucapião, em registro na circunscrição imobiliária competente. A última modalidade de constituição, à qual dedicaremos um exame mais demorado, é a estabelecida por ato *inter vivos*.

O título exigido é o ato negocial, ou negócio jurídico. Como se trata da constituição de direito real imobiliário, essencial é a escritura pública, ressalvada a taxa legal. Indispensável, outrossim, a posse direta ser transmitida ao credor anticrético, como instrumento para a cobrança dos frutos e rendimentos como compensação da dívida e/ou dos juros. O fator de constitutividade, sem o qual o ajuste se mantém como sendo de natureza pessoal, é o registro do título na circunscrição imobiliária competente (art. 1.227). O contrato deve ter um conteúdo informativo mínimo, conforme se lê no artigo 1.424. Esta norma, inclusive, indica a penalidade se houver carência da declaração exigida: *sob pena de não ter eficácia*.

A primeira circunstância a explicitar é a que se refere ao *valor do crédito*, a obrigação de direito pessoal convencionada entre as partes no concernente ao *quantum*. Deve constar, se possível, o valor fixo ajustado. Não havendo esta possibilidade, pelo menos o valor deve ser estimado ou indicado em seu máximo. O que não se admite, tirando a eficácia do ato negocial, é se criar um crédito sem explicitação, quantitativamente indefinido e inestimável. As partes necessitam ter conhecimento do direito real que estão estabelecendo, o conjunto de seus direitos e obrigações, a extensão da responsabilidade que estão assumindo para não serem pegas de surpresa, no futuro.

Identicamente, o contrato deve fornecer dados relativos ao *prazo fixado* para o pagamento da dívida. Este prazo será, necessariamente, aproximado considerando que ele dependerá do comportamento maior ou menor dos frutos e rendimentos. Além do mais, como se verá mais adiante, há várias situações que, ocorrendo, são responsáveis pelo vencimento antecipado da dívida. Estas situações irão se refletir alterando o prazo fixado contratualmente. De qualquer forma, algum reflexo terá, no prazo fixado pelas partes, o limite temporal imposto para o exercício do direito de retenção em quinze anos, como já tivemos oportunidade de referir com apoio no artigo 1.423, definidor da temporariedade da retenção.

A *taxa de juros*, obviamente, só constará do contrato se for convencionada. A omissão a respeito abre espaço à aplicação do que dispuser a lei. Uma norma será aqui aplicável: o artigo 406 do Código Civil. Diz referida norma: "Quando os juros moratórios não forem convencionados, ou o forem sem taxa estipulada, ou quando provierem de determinação da lei, serão fixados segundo a taxa que estiver em vigor para a mora do pagamento de impostos devidos à Fazenda Nacional". Da mesma forma, se aplica o que dispõe o § 1º do artigo 1.506: "É permitido que os frutos e rendimentos do imóvel sejam percebidos pelo credor à conta de juros, mas se o seu valor ultrapassar a taxa máxima permitida em lei para as operações financeiras, o remanescente será imputado ao capital".

Por fim, o *imóvel* dado em garantia na anticrese deve conter *todas suas especificações*. A individuação do imóvel, a sua especialização, é fundamental para se saber qual o bem dado em garantia, qual dentre os bens do devedor tem seus frutos e rendimentos vinculados à satisfação da dívida, como direito real e preferencial. Assim como não existe hipoteca geral, também não existe anticrese geral. O imóvel vinculado juridicamente à dívida, para satisfazê-la e/ou a seus juros através de seus frutos e rendimentos, é somente aquele especificado no contrato, levado a registro e sobre o qual há eficácia *erga omnes*. Os demais imóveis pertencentes ao devedor podem ser alcançados pelo credor, mas sem a preferenciabilidade de direito real.

10.4. Fruição do imóvel

A matéria relativa à fruição do imóvel dado em anticrese já foi anteriormente examinada mas não em toda extensão que se faz necessário. O direito de fruir, originariamente integrado no domínio, não se transfere ao credor anticrético como ocorre no usufruto. Neste, o usufrutuário se titula no direito à percepção dos frutos, que lhe foi concedido pelo nu-proprietário. Na anticrese, garante-se a apropriabilidade dos frutos nos necessários limites para que, instrumentalmente, o credor anticrético se cobre da dívida principal e/ou dos juros correspondentes. O direito à fruição, como instituição do direito, se mantém como dono do imóvel dado em anticrese, embora impedido de ser exercido durante a vigência do direito real anticrético, pela destinação já dada pelo contrato aos frutos.

Apoiando-se no direito de retenção que titulariza, o credor anticrético recebe os frutos a título de compensação pelo pagamento de seu crédito e/ou dos juros correspectivos. E se trata de direito preferencial, face o vínculo de natureza real existente. O direito à fruição, repete-se, é do proprietário do imóvel. Contudo, a preferencialidade imposta pelo direito real constituído prioriza o recebimento dos frutos pelo credor anticrético e impede o direito à sua percepção pelo proprietário. Este entendimento evidencia duas conseqüências importantes: a responsabilidade do credor de, periodicamente, prestar contas dos frutos recebidos para fins da amortização da dívida e/ou dos juros e a responsabilidade do credor pelos frutos que deixar de receber, por ter agido negligentemente.

Conseqüência dos frutos serem recebidos pelo credor anticrético para fins de compensação, é a previsão legal de, periodicamente, haver a prestação de contas, devendo "apresentar anualmente balanço, exato e fiel, de sua administração" (art. 1.507, *caput*). É com esta prestação que se tem certeza do que foi pago, o que resta por pagar e o que sobeja para restituir. A questão inicial é quanto à prestação de contas ter que ser feita sempre ou há hipótese em que ela não é exigível. M. A. Coelho da Rocha (*Opus cit.*, Vol. II, p. 382) diz ser desnecessária a prestação se "se ajustou que os rendimentos ficassem à conta dos juros". Pontes de Miranda (*Opus cit.*, Vol. XXI, p. 175) fala em alguma hipótese "a obrigação de prestar contas é quase sem objeto".

J. M. de Carvalho Santos (*Opus cit.*, Vol. X, p. 241), dizendo que "todos os civilistas modernos estão acordes em que não se justifica a opinião de Coelho da Rocha, quando disse ser desnecessária e escusada a prestação de contas quando o rendimento for deixado exclusivamente por conta dos juros, compensando-se estes com os rendimentos do imóvel (...), por isso que pode o credor por desidioso ou exorbitar de seus direitos, deteriorar o prédio, ou alterar o modo de exploração, o que justifica a necessidade da prestação de contas". Daí concluir Carvalho Santos ser a prestação de contas sempre devida, não se podendo, aprioristicamente, entendê-la incabível. Como sempre é possível ao devedor afirmar crédito a seu favor, desde que compensável, a prestação de contas sempre se fará necessária.

Se a matéria da exigência, ou não, da prestação de contas em todos os casos poderia ser objeto de discussão no direito anterior, pensamos que, no Código Civil de 2002, a prestação de contas sempre é exigível. A lei brasileira permite que as partes estipulem que os frutos e rendimentos do imóvel sejam recebidos pelo credor anticrético somente à conta de juros. Aí a razão estaria com M. A. Coelho da Rocha. No entanto, a esta voluntária estipulação das partes a lei acrescenta um efeito cogente: "mas se o valor ultrapassar a taxa máxima permitida em lei para as operações financeiras, o remanescente será imputado ao capital" (§ 1º do art. 1.506). Ora, só pelo balanço apresentado, só pela prestação de contas havida, é que se sabe se os frutos ultrapassam a taxa máxima e em qual quantidade.

Os frutos e rendimentos que o credor anticrético deixa de receber e, conseqüentemente, não serviram à amortização da dívida e/ou dos juros, presente sua culpa, podem estar prejudicando o devedor anticrético, porque é forma indireta de prejudicar a sua fruição. A culpa do credor e o *quantum* de frutos não amortizados, por isso, responsabilizam o credor. Tudo isto, como é óbvio, fica na área do litígio entre as partes e só, judicialmente, terá solução. Para nós, a matéria será deslindada na prestação de contas, em seus três pontos básicos: a ação negligente, ou culposa, do credor em não recebê-los, o prejuízo conseqüente do devedor sem condições de percebê-los futuramente e a quantidade, mesmo que, por avaliação, do prejuízo havido.

Os frutos, como é consabido, podem ser ou *já colhidos* ou *ainda pendentes*. Os primeiros, por já ter ocorrido a separação, ou destaque, da coisa principal, já se autonomizaram e ingressaram, como forma de pagamento parcial da dívida e/ou dos juros, no domínio do credor anticrético. Não há questão jurídica maior a enfrentar. Os *pendentes*, no entanto, por ainda não ter havido destaque fático ou jurídico, estão integrados, como acessórios, na coisa principal. Tem o credor anticrético algum direito sobre eles, oponível contra o proprietário e terceiros? Pontes de Miranda (*Opus cit.*, Vol. XXI, p. 169) afirma que o credor anticrético tem direito expectativo: "O anticresista, após a posse, é dono dos frutos, desde que se separem, mas já antes esses frutos estavam destinados a ele, já *seriam* dele. O direito dele é direito expectativo", com oposição *erga omnes*.

No direito de administrar os bens dados em anticrese, o credor, não havendo pacto proibitivo, pode arrendá-los a terceiro, recebendo como compensação, para amortização, os frutos civis sem que haja a perda do direito de retenção. O contrato mantido entre o credor anticrético e o *tertius* é *res inter alios*, relativamente ao devedor. O § 2º do artigo 1.507 é explícito: "embora o aluguel desse arrendamento não seja vinculativo para o devedor" nem, obviamente, para o terceiro que prestar a garantia anticrética (art. 1.427).

10.5. Características da anticrese

Na hipótese em que o recebimento de frutos e rendimentos é computável como compensação da dívida contraída, nada de equivocado se dizer que a dívida será paga em várias prestações. O direito de receber frutos e rendimentos se estende no tempo, não havendo o pagamento da dívida de uma só vez. As partes, por isso, podem estabelecer que à medida em que o pagamento for sendo feito pode haver exoneração proporcional da garantia, ou outra forma que os contratantes queiram ajustar. O direito admite esta divisibilidade da garantia mas, se realça, desde que as partes a convencionem no contrato ou na quitação prestacionada. Contudo, havendo omissão, seja no título seja na quitação, a garantia se manterá indivisível. Esta característica é extraível do artigo 1.421 do Código Civil.

A *indivisibilidade* no direito real de anticrese deve ser assim compreendida. Tem seu apoio em regra dispositiva. A lei só lhe dá eficácia cogente, se as partes não dispuserem contrariamente. Nem toda característica tem esta conotação. Existem outras que se apóiam em regra cogente, verdadeiras normas de ordem pública. As partes não podem nem dispor nem renunciar ao que consta da lei. Na hipótese de indivisibilidade, a característica pode ser alterada pela vontade das partes. A garantia real se vincula no bem dado em anticrese, em sua capacidade de fruição, enquanto houver parte da dívida, por menor que seja, a não ser que, em cláusula do título negocial ou no conteúdo de qualquer pagamento, se admita a liberação parcial dos frutos e rendimentos do bem dado em anticrese.

Outra característica – esta sim, estribada em regra cogente, sem excepcionalidades – é a referente à *cláusula comissória*. Em outras palavras, a cláusula que servisse, por si só, para a transferência dominical do bem dado em anticrese, caso a dívida não fosse quitada em tantos ou quinze anos, quando cessa o direito de retenção (art. 1.423). Esta cláusula é inadmitida se contenha no próprio contrato (*in continenti*) ou se estipule posteriormente, na vigência do contrato (*in adendo*). O legislador objetiva impedir que, na constituição da anticrese, ou em outro qualquer direito real de garantia, o credor se aproveite da situação e da dificuldade porque passa o devedor, e o pressione a clausular comissoriamente.

O que o Código anterior permitia, por interpretação integrativa, visto que não haveria mais oportunidade para pressões, era que, já vencida a dívida, ocorresse a modalidade de quitação na forma de dação em pagamento. A pressão que o credor pudesse exercer, ameaçando ajuizar a ação de execução, não se configurava como pressão porque ato lícito. Conforme regra do artigo 153 do atual Código Civil, repetindo norma do Código anterior, "não se considera coação a ameaça do exercício normal de um direito, nem o simples temor reverencial". Acrescente-se, porém, que a lei civil codificada de 2002 dispensa qualquer argumentação. A norma é expressa a respeito: "Após o vencimento, poderá o devedor dar a coisa em pagamento da dívida" (parágrafo único do art. 1.428).

A cláusula comissória é expressamente categorizada como *cláusula nula*, no artigo 1.428. A nulidade não nasce pela interpretação que se faça do contrato; a lei civil é que, peremptoriamente, a qualifica de nula. Da lei se extrai a separabilidade existente entre o conteúdo da cláusula e o conteúdo do restante do contrato, configurando a cláusula, a teor do artigo 184 do Código Civil, como parcial invalidade do ato negocial que não prejudica a parte válida. Além do mais, trata-se de estipulação acessória cuja nulidade jamais induz a da obrigação principal. Impensável que, pela nulidade da cláusula, se possa concluir qualquer reflexo de invalidade do restante do ato jurídico. Esta configuração é substancial na natureza da cláusula comissória.

Como qualquer outra nulidade, não há suscetibilidade de confirmá-la ou haver sanabilidade, ou convalescimento, pelo decurso do tempo. Nem a hipótese de *conversão*, admitida em tese no artigo 170 do novo Código Civil, é possível. Não há necessidade de ser alegada, judicialmente. Ao tomar dela conhecimento, ou de seus efeitos, o Juiz deve pronunciar a nulidade se a encontrar provada, não podendo supri-la mesmo que a requerimento das partes. A nulidade declarada retroage à data em que o ato nulo foi celebrado. A cláusula comissória não tem qualquer eficácia jurídica no passado, no presente e no futuro. É cláusula que nasce morta, sem qualquer vitalidade.

10.6. Vencimento antecipado

No direito real de anticrese há, em algumas situações, *vencimento antecipado* do pagamento. Mesmo que haja, no contrato, o prazo fixado para o pagamento, ocorrentes as situações que examinaremos abaixo, o vencimento se antecipa. As situações referenciadas aos direitos reais de garantia em geral, nem todas, porém, são aplicáveis à anticrese. Das cinco constantes do artigo 1.425, uma certamente não tem incidência, a do inciso III, porque, na anticrese, não se estipula que a dívida seja paga, pelo devedor, em prestações, caindo este em mora. As outras quatro situações podem ocorrer e passamos a examiná-las.

O imóvel dado em anticrese, *se deteriorando* ou *se depreciando* e havendo desfalque da garantia, é causa de antecipação do vencimento se o devedor, intimado, não substituir a garantia ou reforçá-la. Entenda-se, porém, como avaliar a deterioração ou a depreciação relativamente ao desfalque da garantia. Na anticrese, não importa o valor da substância do imóvel ser diminuído; o relevante é sua capacidade frugífera. No instante em que a deterioração ou a depreciação se reflitam no valor do bem quanto à sua fruição, é que pode haver o desfalque da garantia anticrética. A antecipação da dívida só começa a se formar com a séria diminuição da capacidade frugífera do imóvel.

Não basta, porém, a acentuada diminuição da capacidade fruitiva do bem dado em anticrese para que, automaticamente, haja o vencimento antecipado da dívida. O credor deverá intimar o devedor anticrético da ocorrência, para que este, querendo, ofereça *reforço* da garantia (indicando outros imóveis frugíferos) ou *substitua* a garantia (se suficiente). O direito de reforço e o de substituição são faculdades que o devedor tem para, usando-as, evitar a antecipação do vencimento. Só na hipótese do devedor, em prazo razoável, não exercer tais direitos é que ocorrerá a antecipação do vencimento, sendo que, em tal caso, "não se compreendem os juros correspondentes ao tempo ainda não decorrido" (art. 1.426).

Outra hipótese em que se antecipa o vencimento da dívida aplicável na anticrese é caindo o devedor em *insolvência* ou *falindo*. A norma do Código Civil (art. 1.425, II) nada mais faz do que repetir o que se extrai do Código de Processo Civil (art. 751, I – a declaração de insolvência do devedor produz "o vencimento antecipado das suas dívidas") e da Lei Falimentar (art. 25 – a declaração da falência produz "o vencimento antecipado de todas as dívidas do falido"). Mesmo quando a falência ou insolvência é do terceiro prestante da garantia, pode se operar o vencimento antecipado da dívida com base nos artigos 333, II, e 1.509, § 1º, ambos do Código Civil, se o credor não opuser ao exeqüente seu direito de retenção.

O *perecimento* do bem dado em anticrese, igualmente, resulta no vencimento antecipado da dívida se o devedor não substituir a garantia. Nesta hipótese, o perecimento é a destruição total do imóvel dado anticreticamente, cessando, por via de conseqüência, sua fruibilidade. A antecipação do vencimento, sem os juros correspondentes ao prazo não decorrido, depende do não exercício pelo devedor do direito de substituição da garantia. A lei não fala que o devedor, para se utilizar do direito de substituição, tenha que ser intimado, como ocorre nos casos de deterioração ou depreciação do imóvel, que se reflitam na fruição. Deve-se, no entanto, se subentender que a intimação do devedor é necessária. Não há razões para a diferença entre as hipóteses legais.

Por fim, a *desapropriação*. Com base nas causas indicadas no texto constitucional – necessidade ou utilidade públicas ou por interesse social, etc., o Poder Público pode, de modo compulsório, adquirir o domínio do imóvel particular, pagando ao proprietário a justa indenização em dinheiro. A desapropriação é causa da extinção da propriedade alheia e, na área dos direitos reais de garantia, produz o vencimento da dívida, "hipótese na qual se depositará a parte do preço que for necessária para o pagamento integral do credor" (art. 1.425, V). O direito do credor da garantia real se sub-roga no valor depositado, o que também ocorrerá no caso do perecimento da coisa dada em garantia, havendo seguro ou ressarcimento do dano por terceiro responsável (art. 1.425, § 1º).

Este direito do credor, a que se denomina de *direito de sub-rogação*, não se aplica na hipótese de anticrese. Regra o § 2º do artigo 1.509 que "o credor anticrético não terá preferência sobre a indenização do seguro, quando o prédio seja destruído, nem, se forem desapropriados os bens, com relação à desapropriação". De momento, não interessa o motivo pelo qual o legislador não legitima o credor anticrético para o referido direito de sub-rogação. Laerson Mauro (*Você Conhece Direito Civil – Coisas?* Ed. Rio, 1980, p. 471) sustenta que, na forma do parágrafo citado, só não há o direito de sub-rogação na anticrese havendo seguro em caso de perecimento e desapropriação; se for ressarcimento por terceiro responsável pelo perecimento, o direito de sub-rogação é possível.

Rogando-se a máxima vênia, também no caso de perecimento por responsabilidade civil de terceiro e indenização ressarcitória não há direito de sub-rogação que favoreça o credor anticrético. Conforme estamos sustentando, todo bem imóvel tem dois valores econômicos possíveis de lhe serem extraídos. O valor que corresponde à substância da coisa, à sua configuração material, e que serve de garantia na hipoteca e no penhor, e o valor econômico correspondente à fruibilidade do bem, este que aparece como garantia na anticrese. No perecimento físico do imóvel, o valor que é substituído pelo ressarcimento do dano é o valor da substância da coisa. Por que se sub-rogaria o crédito anticrético se a garantia não se vincula ao valor da substância da coisa?

10.7. Extinção da anticrese

Os direitos reais de garantia – penhor, hipoteca e anticrese, face à determinada semelhança que possuem, foram tratados em conjunto no Título X do Livro III da Parte Especial do Código Civil. A disciplina normativa correspondente às disposições gerais dos três direitos se localiza nos artigos 1.419 a 1.430. Nos aspectos específicos pertinentes a cada um dos direitos, a normatização veio em separado, o que também ocorreu no concernente às situações respeitantes à extinção dos direitos reais de penhor e de hipoteca. As causas extintivas do penhor estão arroladas nos artigos 1.426 e 1.437, enquanto as da hipoteca, nos artigos 1.500 e 1.501. No referente, porém, à anticrese não há um elenco específico nas causas de extinção.

A existência de causas de extinção da anticrese, no ordenamento jurídico brasileiro, é indiscutível. O fato de elas não estarem expressas na lei positiva não significa que inexistam e por dois motivos. Tratando-se de direito real limitado, sua eficácia jamais é perpétua; sempre será temporária. Além do mais, dizendo o artigo 1.423 que se extingue o direito de retenção decorridos quinze anos de sua constituição, está se indicando uma das causas da extinção, porque juridicamente impensável a mantença da anticrese sem que o credor, através da posse direta, receba frutos e rendimentos do imóvel dado em anticrese. A falta de retenção do bem e de recebimento da fruição para amortizar a dívida e/ou os juros, extingue a garantia anticrética.

Deste modo, o legislador deixou para o intérprete, para a doutrina e para a jurisprudência a incumbência de indicarem as situações ocasionadoras da extinção do direito real anticrético. A indicação não obedece um critério de liberdade. Não é isto. A anticrese tem uma específica estruturação legal. Toda vez que ocorra uma causa capaz de abalar a estrutura do direito real, está se desenhando uma causa extintiva. Este trabalho de pesquisa é o que faremos em seguimento. Acrescenta-se, porém, que em todas as hipóteses extintivas há a essencialidade do cancelamento imobiliário no Registro de Imóveis, face o disposto no artigo 252 da Lei de Registros Públicos (Lei nº 6.015/1973). Toda anticrese é direito real imobiliário.

O *desaparecimento da obrigação principal*, que é a relação de débito/crédito garantida, extingue a anticrese. Sem a existência de uma dívida, que se assegure pelo pagamento de frutos e rendimentos do bem dado em anticrese, é impensável a construção jurídica de um direito real anticrético. A dívida é requisito essencial e indispensável. No momento em que não houver mais dívida, o mesmo efeito de desfazimento se dá com a própria anticrese. A dívida – e a que importa na extinção é a integral e não a em parte, sobrando remanescente – desaparece em várias situações: pagamento, confusão, remissão, etc. O fato do pagamento é aquele em que houve a quitação total pelo recebimento de frutos e/ou rendimentos ou feita, diretamente, pelo devedor ou alguém por ele. Examinemos as outras situações.

O artigo 381 do Código Civil regra que "extingue-se a obrigação, desde que na mesma pessoa se confundam as qualidades de credor e devedor". Se, por exemplo, eles são pai e filho e, morrendo aquele, que é o credor, o crédito se transmitir, hereditariamente, para o filho, este passa a ser, ao mesmo tempo, devedor e credor da mesma dívida. É o fenômeno a que, juridicamente, se cognomina de *confusão* e cujo efeito é o desaparecimento da obrigação. Ninguém, no ordenamento jurídico, pode ser, relativamente à mesma relação obrigacional, credor e devedor. A *confusão*, portanto, que não é o pagamento da dívida, faz desaparecer a obrigação principal e, conseqüentemente, extingue a anticrese.

Também é causa do desaparecimento da obrigação principal o fato de sua *remissão*, que é o credor perdoar, liberar graciosamente a integralidade da dívida. Discutia-se, durante a vigência do Código Civil anterior, se bastaria o ato de liberalidade do credor, sem manifestação de assentimento do devedor. O novo Código Civil pôs fim a esta discussão, acrescentando dois dados importantes ao conceito de *remissão*: "A remissão da dívida, *aceita pelo devedor*, extingue a obrigação, mas *sem prejuízo de terceiro*" (art. 385, *os grifos são nossos*). A *remissão*, outrossim, não exige se realize por forma especial. Algumas vezes se a admite até tacitamente (art. 386).

Localiza-se, outrossim, na área da obviedade, que inexiste anticrese sem que haja imóvel dado em anticrese e, no que interessa, se o bem dado em anticrese não mais existir. É uma nova causa da extinção do direito real anticrético. O bem sobre que recai a garantia se vincula, com eficácia real, ao cumprimento da dívida. No momento em que esta vinculação desaparecer porque o bem não mais existe, extingue-se a anticrese, embora a obrigação principal se mantenha como obrigação de natureza pessoal, podendo ocorrer, como já visto, a antecipação da dívida. O *perecimento integral do bem* dado em garantia, o que é muito incomum de ocorrer (desaparecem construções e solo), extingue a anticrese.

A causa que pretendemos examinar aqui e que foge ao óbvio é quando o imóvel da anticrese, embora não haja perecimento físico integral, *perde sua capacidade de fruição*, não tendo mais valor econômico fruitivo. Repete-se o que já vem sendo dito em várias passagens. A garantia na anticrese não está na substância da coisa, na sua configuração físico-estética. Condição para o bem ser objeto da anticrese é ter capacidade de fruibilidade, natural ou civil. Nos frutos e rendimentos é que há a garantia instrumentalizada na amortização e no direito de retenção. No perecimento físico integral, desaparece a fruibilidade mas este desaparecimento também ocorre em outras situações.

Estando localizado o imóvel anticretizado em um região em que se explorem serviços e instalações nucleares e havendo um acidente nuclear que impeça o ser humano de viver em tal região, o objeto da anticrese ali existente perde sua capacidade fruitiva, mesmo que intocada sua substância física. Não há perecimento físico nem danificação do bem. Mas para efeitos do direito real de anticrese, cessa a produção de frutos amortizáveis ou de quaisquer rendimentos. A anticrese, como conseqüência, se extingue. Se este exemplo é de difícil ocorrência, também levaria, pela mesma cessação da fruibilidade e dos rendimentos, à extinção da anticrese, um dano ambiental sério que produzisse a morte da fauna, da flora e de outros recursos naturais da região.

O credor anticrético pode, expressamente, *renunciar* a garantia real, com manutenção da relação do direito obrigacional. A renúncia, no ordenamento jurídico nacional, é tão forte que se a admite até para a perda da propriedade (art. 1.275, II). Trata-se de ato unilateral e com intenção abdicativa. Por isso, independe a renúncia da concordância do devedor anticrético e tem intenção abdicativa, porque, com o ato renunciativo, o credor deixa de ser titular do direito real de garantia. A propriedade plena se consolida na esfera jurídica do devedor. O que se mantém, visto que o efeito extintivo do acessório não contagia o principal, é a relação obrigacional. No estudo que fizemos a respeito da renúncia no Código Civil de Bevilacqua, admitimos que ela fosse tácita.

No artigo 134, II, do Código Civil anterior, só havia a exigência de escritura pública "nos contratos *constitutivos* ou *translativos* de direitos reais sobre imóveis" (*os grifos são nossos*) acima da taxa legal. A *renúncia* de direitos reais imobiliários não impunha a solenidade da escritura pública. A norma do Código Civil, no entanto, se alterou. A escritura pública é forma especial exigida, atendida a taxa legal, nas hipóteses de "constituição, transferência, modificação ou *renúncia* de direitos reais sobre imóveis" (art. 108 do Código Civil de 2002 – *o grifo é nosso*). Com base nesta argumentação, para a extinção da anticrese, não há renúncia verbal, gestual ou tácita. Toda ela deve ser por escritura pública.

Quem tem a propriedade do imóvel frugífero pode dá-lo em anticrese, mesmo que se trate de propriedade resolúvel. Em outro local (*Posse e Propriedade*, opus cit., p. 123), afirmamos: "Na propriedade sob condição resolutiva, o adquirente se titulariza plenamente no domínio. Quanto aos poderes *atuais* do proprietário e seu exercício, ela é integral e é propriedade como qualquer outra. Com um única diferença quanto à eficácia *temporal:* a propriedade nasce com a própria indicação de um fato, futuro e incerto, que, se realizando, a extingue. Assim, é propriedade que nasce sob o signo da provisoriedade, embora, se a condição não se realizar, ela se constituirá em perpétua".

Diz o artigo 1.359 do Código Civil que "resolvida a propriedade pelo implemento da condição ou pelo advento do termo, entendem-se também resolvidos os direitos reais concedidos na sua pendência". A causa da *resolutividade* na extinção da anticrese tem este comportamento. Realizada a condição resolutiva, não há mais propriedade e, conseqüentemente, há o reflexo do desfazimento do próprio direito real anticrético concedido. A regra jurídica é de que ninguém pode transferir mais do que possui. A resolutividade também pode aparecer quando a própria anticrese é dada sob condição resolutiva. A incidência passa a ser do artigo 128 do Código Civil.

Inconfigurável anticrese em que o bem dado em garantia pertença ao próprio credor anticrético. A anticrese, como todos os direitos reais limitados, por teoria e por lei, é direito real sobre coisa alheia. Assim, na possibilidade de, por ato jurídico *inter vivos* ou *causa mortis*, o bem que pertencia ao constituinte da garantia vir a pertencer ao credor anticrético, a garantia anticrética desaparece. O direito de retenção e o direito de fruir permanecem com o até então credor anticrético mas tendo sua causa jurídica na propriedade. Os frutos percebidos e pendentes são seus porque é o titular do domínio. A dívida que permanece é, porém, sem garantia real.

Bibliografia

BARBOSA, Diana Coelho. *Direito de Superfície*. Curitiba: Juruá, 2002.

CAVALCANTI, Marise Pessôa. *Superfície Compulsória*. Rio de Janeiro: Renovar, 2000.

DINIZ, Maria Helena. *Curso de Direito Civil*. 4° Vol., *Direito das Coisas*. São Paulo: Saraiva, 1981.

FULGÊNCIO, Tito. *Direito Real de Hipoteca*, Vol. I, 2ª edição. Rio de Janeiro: Forense, 1960.

GOMES, Orlando. *Direitos Reais*. 6ª ed. Rio de Janeiro: Forense, 1978.

GONÇALVES, Cunha. *Tratado de Direito Civil*. São Paulo: Max Limonad.

LAFAYETTE. *Direito das Coisas*, Vol. I e II. Rio de Janeiro: Rio, 1977.

MAURO, Laerson. *Você Conhece Direito Civil – Coisas?* Rio de Janeiro: Rio, 1980.

MENDONÇA, M. I. Carvalho de. *Do Usufruto, do Uso e da Habitação*, A. Coelho Branco Filho Editor, 1917.

MIRANDA, Pontes de. *Fontes e Evolução do Direito Civil Brasileiro*, 2ª edição, 1981.

——. *Tratado de Direito Privado*, Tomos. XVIII e XIX. São Paulo: RT, 1983.

MONTEIRO, Washington de Barros. *Curso de Direito Civil, Direito das Coisas*, 6ª edição. São Paulo: Saraiva, 1966.

NASCIMENTO, Tupinambá Miguel Castro do. *Posse e Propriedade*, 3ª ed. Porto Alegre: Livraria do Advogado, 2003.

——. *Usucapião*, 6ª ed. Rio de Janeiro: Aide, 1992.

——. *Usufruto*, 2ª ed. Rio de Janeiro: Aide, 1986.

——. "Atual Estrutura da Usucapião". *In O Novo Código Civil Comentado por Artigos*. VoxLegem, 2003.

NEQUETTE, Lenine. "Da Prescrição Aquisitiva - Usucapião". *Coleção Ajuris*, 17, 3ª edição, p. 91 e 115, 1981.

PEREIRA, Caio Mário da Silva. *Instituições de Direito Civil*, Vol. IV. 3ª ed. Rio de Janeiro: Forense, 1978.

ROCHA, Coelho da. *Instituições de Direito Civil*, Vol. II. São Paulo: Saraiva, 1984.

SAMPAIO, Coelho. *Ordenações Filipinas*, Livros II e III. Fundação Calouste Gulbenkian.

SANTOS, J. M. de Carvalho. *Código Civil Brasileiro Interpretado*, Vols. V, IX e X. Rio de Janeiro: Freitas Bastos, 1978.

TEIXEIRA, José Guilherme Braga. *O Direito Real de Superfície*. São Paulo: RT, 1993.

O maior acervo de livros jurídicos nacionais e importados

Rua Riachuelo 1338
Fone/fax: 0800-51-7522
90010-273 Porto Alegre RS
E-mail: livraria@doadvogado.com.br
Internet: www.doadvogado.com.br

Entre para o nosso *mailing-list*

e mantenha-se atualizado com as novidades editoriais na área jurídica

Remetendo o cupom abaixo pelo correio ou fax, periodicamente lhe será enviado gratuitamente material de divulgação das publicações jurídicas mais recentes.

✂ --

✓ **Sim, quero receber, sem ônus, material promocional das NOVIDADES E REEDIÇÕES na área jurídica.**

Nome: _____

End.: _____

CEP: _____-_____ Cidade _____ UF:____

Fone/Fax: _____ Para receber pela Internet,
informe seu **E-mail**: _____

_____
assinatura

294-X

Visite nosso *site*

www.doadvogado.com.br

CARTÃO RESPOSTA
NÃO É NECESSÁRIO SELAR

O SELO SERÁ PAGO POR

LIVRARIA DO ADVOGADO LTDA.
90012-999 Porto Alegre RS